湖南省2022年度重点选题

● 湖南高质量发展研究丛书 ●

湖南高质量教育体系
建设研究

蒋志平 / 著

湖南大学出版社
·长沙·

图书在版编目（CIP）数据

湖南高质量教育体系建设研究/蒋志平著. —长沙：湖南大学出版社，2024.4
ISBN 978-7-5667-3391-7

Ⅰ.①湖… Ⅱ.①蒋… Ⅲ.①地方教育—教育体系—研究—湖南
Ⅳ.①G527.64

中国国家版本馆 CIP 数据核字（2024）第 033929 号

湖南高质量教育体系建设研究
HUNAN GAOZHILIANG JIAOYU TIXI JIANSHE YANJIU

著　者：蒋志平
策划编辑：吴海燕
责任编辑：吴海燕
印　装：长沙创峰印务有限公司
开　本：710 mm×1000 mm　1/16　　印　张：12.75　字　数：202 千字
版　次：2024 年 4 月第 1 版　　　　印　次：2024 年 4 月第 1 次印刷
书　号：ISBN 978-7-5667-3391-7
定　价：58.00 元

出 版 人：李文邦
出版发行：湖南大学出版社
社　　址：湖南·长沙·岳麓山　　　　邮　　编：410082
电　　话：0731-88822559（营销部），88649149（编辑室），88821006（出版部）
传　　真：0731-88822264（总编室）
网　　址：http://press.hnu.edu.cn
电子邮箱：934868581@qq.com

目　次

第一章　高质量教育体系建设的现实依据

教育本身就是一个系统，而且是社会的一个部分。教育和社会其他方面息息相关，无法与社会其他部分脱离，也必然受制于其他系统。这就需要根据国家与社会发展的需要去定位教育的发展，更加需要跳出教育看教育、立足全局看教育、放眼长远看教育，绝不能"草鞋无样，边打边像"。教育改革作为一种实践活动，其实就是教育政策的逻辑展开。教育政策也往往和社会政策、政治制度直接相关，这都是一个体系，无法分割。教育政策的公共性需要教育政策活动以一种"超越"性的姿态去对各种教育利益诉求甚至教育利益矛盾进行调节和整合，以期实现公共教育利益的最大化。随着现代国家的兴起和现代教育的发展，教育愈来愈具有公共性，教育活动愈来愈具备公共性质，教育场域愈来愈成为公共场域，教育问题愈来愈成为公共问题，教育实践愈来愈融入社会变革的洪流中。因此在考察、制定教育政策之前，首先要对未来的教育政策需求进行精准把握，需要将其置于社会变革的宏观背景下和教育改革发展实际的基础上加以审查。

第一节　高质量教育体系建设的价值罗盘

高质量发展是全面建设社会主义现代化国家的首要任务。习近平总书记在考察调研中，将"推动高质量发展"作为关键词、高频词，并围绕这个"首要任务"作出一系列重要部署。需要强调的是，高质量发展不只是一个经济要求，而且是对经济社会发展方方面面的总要求；不只是对教育发达地区的要求，而且是所有地区发展都必须贯彻的要求；不是一时一事的要求，而是必须长期坚持的要求。找准方向比埋头赶路更重要。作为教育工作者，理解和把握教育高质量发展的价值罗盘是领悟并推动教育高质量发展的一个重要的认识前提。

一、以高质量发展为核心的发展坐标

满意的教育首先是高质量的教育。党的十九大首次提出"高质量发展"新表述，由此开启了中国经济由高速增长转向高质量发展的新阶段。党的二十大报告明确指出，要"坚持以人民为中心发展教育，加快建设高质量教育体系"，阐明了党的二十大之后我国教育事业发展的价值遵循和核心主题。

1. 高质量发展是首要任务

高质量发展是全面建设社会主义现代化国家的首要任务，是"十四五"乃至更长时期我国经济社会发展的主题。党的二十大报告提出了扩大内需战略、区域协调发展战略、区域重大战略、主体功能区战略、新型城镇化战略、自由贸易试验区提升战略、科教兴国战略、人才强国战略、创新驱动发展战略、国家文化数字化战略、重大文化产业项目带动战略、就业优先战略、人口发展战略、积极应对人口老龄化国家战略、全面节约战略、互利共赢的开放战略十六项国家发展子战略。在国家战略体系中特别给予科教兴国、人才强国和创新驱动发展三大子战略重点关注，这不仅仅是因为教育、科技、人才在现代化国家建设中具有基础性、战略性支撑作用，而且是因为科技是第一生产力、人才是第一资源、创新是第一动力。这些充分表明，教育高质量发展在社会全域发展中居于基础性地位，发挥着先导性作用，彰显了教育高质量发展具有的非同寻常的战略意义，这也正是通过国家战略规划确保教育高质量发展的战略要义的集中体现。2021年4月29日，第十三届全国人民代表大会常务委员会第二十八次会议通过了《关于修改〈中华人民共和国教育法〉的决定》，将我国的教育方针修改为"教育必须为社会主义现代化建设服务、为人民服务，必须与生产劳动和社会实践相结合，培养德智体美劳全面发展的社会主义建设者和接班人"。由此看来，教育强国和教育高质量发展的战略要求的首要目标是必须服从和服务于促进中国式现代化发展和中华民族伟大复兴的大局。教育发展进入新时代的主要标志是从"有学上"到"上好学"，这是基于自身发展和成长需要的具有个性化、多样化、选择性的对更高质量教育的需求，也体现了人民群众对更加美好生活的期待和向往，但同时也是一个分水岭。从这个层面讲，高质量发展是满足人民愿望的着力点和实践方向，是教育工作的永恒主题。

2. 高质量发展是全新理论

教育高质量发展实际上是一种新的教育发展理论，它所阐明的核心问题是：什么是新时代好的、理想的、值得追求的教育发展模式。[①] 教育强国和教育高质量发展的战略要求的首要目标是必须服从和服务于促进中国式现代化发展和中华民族伟大复兴的大局，具体要求就是要有正确的政治方向，促进人的全面发展，进行更高水平的教育创新，推动教育结构更加优化，追求更加高位的教育公平，等等。推进教育高质量发展，必须坚持党的全面领导，必须坚持走创新发展、协调发展、绿色发展、开放发展、共享发展和团结奋斗之路。[②]建设高质量教育体系既是高质量发展的内在要求，也是推动高质量发展的客观需要。教育体系是各级各类教育体系的综合体，只有建立高质量的各级各类教育体系，统筹推进各级各类教育高质量发展，使各级各类教育在经济社会发展中各尽其能，才能使高质量教育体系建设更好地服务高质量发展。高质量教育体系不仅具有优质性，还兼具普惠性、公平性、多样性以及普及性等多种特征。[③] 这就要求教育高质量发展，既要走省、县为主的本土化道路，也要走全球化发展之路。

3. 高质量发展是重大挑战

迈向高质量发展的教育，既要重体量，又要重体质。对高质量的认识需要

① 石中英.教育高质量发展的政策内涵和实践路径 [J].人民教育，2022 (23)：24-28.
② 石中英.教育高质量发展的政策内涵和实践路径 [J].人民教育，2022 (23)：24-28.
③ 苏君阳.新时代教育治理体系现代化：内涵、特征及其实现路径 [J].教育研究，2021，42 (9)：120-130.

从转变教育质量观念开始。需要明确的是，教育高质量发展是人的高质量发展，所以高质量发展必须聚焦于人。一是摒弃以分数和升学率衡量教育质量的片面观点，坚持把促进人的全面发展、适应经济社会发展作为根本标准，促进学生提升学业水平和自主学习、终身学习能力，提高思想道德素质、科学文化素质和身心健康素质，增强社会责任感、创新精神和实践能力。二是遵循人才成长基本规律。学前教育阶段是认知萌芽期，要注重保教结合，避免小教化；小学阶段是认知起步期，要重视培养基本的行为习惯，解决认知的基本问题；初中阶段是认知奠基期，也是青春叛逆期，要重视引导学生形成正确的世界观、人生观，正确认识自身的成长进步；高中阶段是认知决定期，身心趋于成熟，对知识有更深的了解，要充分发挥高中生的主动性和拓展性；大学阶段是身心成熟的关键期，要重视提升大学生的理论素养、科学素养和创新能力。三是持之以恒抓教育质量。湖南省教育厅原厅长肖国安曾指出，整个国民教育体系大致可分为认知教育、职业教育和科学教育三大阶段，不同阶段教育的质量内涵和要求不同。认知教育，对应义务教育到普通高中教育阶段，其教育质量主要体现在学生对知识的理解、掌握和运用上，这个阶段要抓认知教育，让学生掌握人生所必备的基本知识，树立正确的价值观念，养成良好的道德品行。认知教育不同于应试教育，应试教育是考什么教什么，而认知教育是人才成长需要什么就教什么。职业教育，对应中职、高职、本科以及硕士研究生教育阶段，主要任务是让学生学习职业技能，提高职业素养，增强就业能力和社会适应能力。科学教育，对应博士研究生教育阶段，主要任务是促进学生提高科学素养，提升创新能力。总之，教育是潜绩，是一项长期的事业，唯有实现人的高质量发展才能真正实现教育的高质量发展。

二、以人民为中心的发展理念

中国共产党从诞生之日起就坚持为中国人民谋幸福，为中华民族谋解放。党的十八届五中全会首次提出"坚持以人民为中心"的发展思想之后，习近平总书记多次在重要会议和重要场合阐述了"以人民为中心"的发展思想，并将其延伸到党和国家事业的方方面面。以习近平同志为核心的党中央坚持以人民为中心的发展思想，顺应人民群众对美好生活的向往，把增进人民福祉、促进人的全面发展作为一切工作的出发点和落脚点，这其中就包括了教育。坚持以人民为中心发展教育，既是中国特色社会主义教育的根本立场，也是我国教育改革的价值基础，更是我国教育发展的行动指南。

1. 人民幸福的价值立场

全心全意为人民服务是党的根本宗旨，也是无产阶级政党区别于其他一切政党的显著标志。习近平总书记创造性地提出"以人民为中心"的发展思想，并将其贯穿于十八大以来党中央治国理政的全部实践，成为习近平新时代中国特色社会主义思想的核心内容。从"为人民服务"到"以人民为中心"，体现了中国共产党人民观、宗旨观的与时俱进和继承发展，为新时代中国特色社会主义发展提供了思想动力、实践遵循和精神力量。习近平在十八届中央政治局常委同中外记者见面时指出："人民对美好生活的向往，就是我们的奋斗目标。"深刻阐明了中国共产党执政的价值立场。在全国教育大会上，习近平强调"坚持以人民为中心发展教育"，突出从人民日益增长的教育需求出发，办人民满意的教育。"坚持以人民为中心发展教育"是对"教育为人民服务"的理论升华，也是对"办人民满意的教育"的方法论阐释，更是决定了教育改革发展的根本立场，实实在在地把人民的利益摆在了最高位置。习近平总书记以人民为中心的教育发展观，很好地回答了教育发展为了什么、靠什么发展、成果由谁共享等一系列教育发展核心问题，具有深刻的理论逻辑、深厚的历史逻辑和鲜明的实践逻辑，是新时代中国教育改革和发展必须要遵循的新思想、新观点。在中国特色社会主义新时代，教育进入高质量发展新阶段，教育肩负着为党育人、为国育才的新的伟大历史使命，必须坚守人民立场，汲取人民智慧，汇聚人民力量。

2. 人民满意的价值追求

检验一切工作的成效，最终都要看人民是否真正得到了实惠，人民生活是否真正得到了改善。对于教育而言，人民满意既是教育改革发展的评价标准，也是新时代教育改革的目标追求。党的十八大以来，我们党始终将人民利益与人民满意贯穿教育改革之中，着眼于人民日益增长的美好生活需要，始终保持党对教育事业全面领导的基础性、系统性与整体性作用；坚持教育优先发展，全力促进各级各类教育事业协调发展；时刻关注教育公平，高度重视对偏远地区、落后地区、少数民族地区的倾斜支持；不断优化教育资源布局，扩大优质教育资源供给。正是对人民满意的价值追求坚定不移，才使得我国教育事业取得了全面发展，教育质量不断提升，教育公平持续推进，人民的教育幸福感不断增强。《中共中央关于党的百年奋斗重大成就和历史经验的决议》以"十个明确"对习近平新时代中国特色社会主义思想的核心内容进行了系统概括，其中一个重要方面就是："明确新时代我国社会主要矛盾是人民日益增长的美好生活需要和不平衡不充分的发展之间的矛盾，必须坚持以人民为中心的发展思想，发展全过程人民民主，推动人的全面发展、全体人民共同富裕取得更为明显的实质性进展。"反映在教育领域，就是人民日益增长的对更好更公平教育的期盼与教育发展不平衡不充分之间的矛盾。实现"更加平衡、更加充分"的教育发展，便是新时期人民对教育的基本诉求。其中，"更加平衡"是横向的，强调的是基本面的问题；"更加充分"是纵向的，强调的是内涵层面的问题。其实，教育主要矛盾和教育改革发展的中心任务是统一的，不平衡不充分的思虑基点便是人民对教育的期待已经上升为"上好学"，这里的"好"既是努力让人民享有更好更公平的教育，培养好德智体美劳全面发展的社会主义建设者和接班人，又是不断促进教育发展成果更多更公平惠及全体人民。教育是为全体人民造福的事业，满足人民"上好学"的愿望便是新时代教育改革发展的价值追求。坚持以人民为中心发展教育，彰显了我们党全心全意为人民服务的根本宗旨，是办好人民满意教育的根本遵循。

3. 人民共享的实践自觉

党的十八大以来，习近平总书记始终坚持把人民的利益放在首位，强调"全心全意为人民服务"是我们党一切行动的根本出发点和落脚点，是我们党区别于其他一切政党的根本标志。习近平在党的十八届五中全会第二次全体会议上指出："在共享改革发展成果上，无论是实际情况还是制度设计，都还有不完善的地方。为此，我们必须坚持发展为了人民、发展依靠人民、发展成果由人民共享，作出更有效的制度安排，使全体人民朝着共同富裕方向稳步前进，绝不能出现'富者累巨万，而贫者食糟糠'的现象。"教育是全面建设小康社会的重要方面，围绕全面建设小康社会的需求，我国教育事业发展取得了显著成就，教育工作稳中有进，教育改革红利不断释放，教育开放广度深度不断拓展，教育现代化取得新进展。但是在当前，教育改革已进入攻坚期和深水区，改革的复杂性、敏感性、艰巨性更加突出。教育国计民生的双重角色、今天明天的双重地位、引领支撑的双重作用、内政外交的双重功能日益凸显。教育对象群体复杂化，社会对教育的需求多样化，全民学习终身化，教育发展环境国际化，已经成为教育改革发展的大趋势。这些都对教育改革发展提出了新的更高的要求，更对广大人民群众共享教育改革发展成果提出了新挑战。对于教育而言，以人民为中心不是一个抽象的概念，而是需要在具体行动中不断实践的，坚持从人民利益出发谋划思路、制定举措、推进落实，发展更高质量的教育便是新时代践行以人民为中心的发展理念的具体行动。只有坚持以人民为中心不动摇，坚持为人民服务、为中国共产党治国理政服务、为巩固和发展中国特色社会主义制度服务、为改革开放和社会主义现代化建设服务，把教育发展的各项举措放到经济社会发展需要的导向性中、国家发展大势以及党和国家工作大局的契合度中去检验，始终保持与人民群众的紧密联系，充分了解人民群众日益增长的多元化高质量教育诉求，抓住人民最关心最直接最现实的利益问题，聚焦突出问题和薄弱环节，通过更有效的制度安排，才能真正做到教育发展为了人民，教育发展依靠人民，教育发展成果由人民共享。

三、以促进公平为重心的发展思路

教育是民生之基，也是民生之首。在任何一个时代，教育公平程度都与当时的社会经济发展水平和社会价值体系相适应。不同的发展阶段，教育公平的价值目标和行动追求也有所不同，以教育公平促进社会公平正义成为新时代教育承载的重要历史使命。习近平总书记关于教育公平的重要论述为深入推进以公平为价值追求和实践原则、以人民满意为宗旨的教育高质量发展提供了重要的方法论指导和行动方略。

1. 政策定力

教育公平发展政策是国家基本教育政策。我国历来高度关注教育公平，从大力开展"扫盲教育"到"推动教育优先发展"，到"促进教育事业优先发展、公平发展""促进教育公平发展和质量提升""发展更加公平更高质量的教育"，再到"办好公平优质教育"，其着眼点一直在于促进教育公平。时代发展赋予新的使命，新时代提出新要求。党的十八大以来，以习近平同志为核心的党中央始终坚持"教育公平"的发展观，深入了解人们对于教育发展的真实需求和热切期望，以人民对于教育的真实需求为基础审议通过一系列教育改革发展方案，推动有关教育公平政策文件的密集发布，促进公平的教育政策体系基本形成，并将其提升到促进社会公平正义的高度，进而用以指导国家教育政策法规的制定。比如，2015 年修正后的《中华人民共和国教育法》新增"国家采取措施促进教育公平，推动教育均衡发展"一款内容。党的十八大以来，习近平始终强调要坚定教育的人民立场，促进教育公平，体现了深切的人民情怀，为中国特色社会主义教育理论体系注入了新的活力和内涵。最具代表性的是党的十九大报告旗帜鲜明地提出，要"努力让每个孩子都能享有公平而有质量的教育"，标志着我国的教育公平已经从关注教育机会公平开始向关注教育过程、教育结果的公平转向，体现了教育公平的发展逐步深入。这不仅仅是为了解决中小学学业负担过重、地区教育资源分配不均等问题，更是新时代党和国家对发展"公平而有质量的教育"和办好人民满意的教育的新要求和新承诺。实践充分证明，中国特色社会主义制度的显著优越性和强大生命力，成为促进教育公平不断向前发展的根本制度保障。

2. 思想指引

教育公平作为社会公平在教育领域的体现，其核心是保障人民享有平等受教育的权利，具有起点公平的重要意义。党的十八大以来，习近平总书记在治国理政的实践中，对教育事业尤其是关系国计民生的公平问题高度关心关注，多次作出重要讲话和指示批示，形成了习近平总书记关于教育公平的重要论述。在习近平总书记的眼中，教育从"面向所有人"转向"面向每个人"。"面向人人"便是教育公平理念的充分彰显，是对教育公平本质的回归与深化，同时也是对人民群众"人人上好学"的强烈呼声的有力回应。习近平在党的十九大报告中强调，"不断满足人民日益增长的美好生活需要，不断促进教育公平正义"，在教育上"推动城乡义务教育一体化发展"，"努力让每个孩子都能享有公平而有质量的教育"。习近平总书记强调，优化教育资源配置，缩小教育发展差距；发展全民教育、终身教育，加快建设学习型社会；高度重视农村义务教育，推动城乡义务教育一体化发展；等等。同时，习近平十分关注革命老区、贫困地区教育发展问题，明确提出教育是扶贫的根本之策，并要求教育精准扶贫，阻断贫困代际传递。在高等教育方面，习近平亲自抓高考改革新方案的审定，其目的就是为孩子们上大学的机会公平做好制度顶层设计。这些都是从教育面上强调公平。而在个体上，习近平要求教育尊重个体差异性，2016年9月9日，习近平在北京市八一学校考察时强调，"教育要注重以人为本、因材施教"，要"营造人人皆可成才、人人尽展其才的良好环境"，"努力让每个人都有人生出彩的机会"。习近平总书记关于教育公平的重要论述，紧紧抓住了人民群众最关心、最直接、最现实的教育问题，深刻体现了价值取向的人民性、与时俱进的时代性、不断丰富完善的系统性、指导教育公平推进路径的实践性和创新性，是引领新时代中国特色社会主义教育事业改革发展的思想指南。

3. **实践取向**

社会越进步，越是追求和看重公平。促进社会公平正义，就要坚持共享发展，坚持发展为了人民、发展依靠人民、发展成果由人民共享，使全体人民在共建共享发展中有更多获得感，朝着共同富裕方向稳步前进。落实共享发展理念，一方面要充分调动人民群众的积极性、主动性、创造性，举全民之力推进中国特色社会主义事业，不断把"蛋糕"做大；另一方面要把不断做大的"蛋糕"分好，让社会主义制度的优越性得到更充分体现，让人民群众有更多获得感。教育公平是最重要的社会公平，教育不公影响人的一生，因此教育公平问题一直都是人民群众关切的热点问题。从这个逻辑思路出发，当务之急是教育系统需要更好地向更公正、更公平和更可持续的发展道路紧急转变。随着社会经济的发展，教育公平的内涵不断丰富，质量不断提升，人们对教育公平的诉求和现实要求也将不断提升，教育公平在新的时代和新的发展条件下呈现出新的内涵和要求。我国教育已然从"量公平"迈入"量与质双公平"的新时代。简单地在需求端探讨教育资源如何公平分配，已无法应对新时代提出的新挑战。这就需要在供给端多想办法，尤其是不断强化救助型教育政策，可通过差别原则来实现补偿原则的目的。也正如有的学者提出的："教育政策应针对教育资源短缺、选择教育、学校竞争、弱势群体和基本的教育质量标准等问题作出公平的制度安排。"[1] 基于此，教育政策中教育公平价值的建构和实现就需要从更新理念、创新机制、健全法制、完善制度等方面进行努力。要优化教育资源配置，逐步缩小区域、城乡、校际差距，特别是要加大对革命老区、民族地区、边远地区、薄弱地区基础教育的投入力度，保障办学经费，健全家庭困难学生资助体系。要坚持教育公平发展和均衡发展的教育理念，实现我国各地区教育、各民族教育、各群体教育和各级各类教育现代化的统筹发展、协调发展和共同发展。要让每个孩子都能平等享有全面发展所必需的资源或条件，促进每个学生全面发展，充分提高学校教育的"适宜性"，在课程与教学等方面做到因材施教，最大程度地满足学生的个性发展需求。

第二节　高质量教育体系建设的理论基础

"举一纲而万目张，解一卷而众篇明。"有科学理论指导的事业，才拥有光明前途。习近平总书记以马克思主义政治家、思想家、战略家的深刻洞察力、

---

① 刘平秀. 教育公平与教育政策选择 [J]. 湖北社会科学，2010 (2)：157-160.

敏锐判断力、理论创造力，就教育改革发展提出一系列新理念、新思想、新观点，系统回答了为什么办教育、办什么样的教育、怎么办教育、为谁办教育、谁来办教育等一系列方向性、全局性、战略性重大问题，形成了一系列关于教育的重要论述，为做好新时代教育工作指明了前进方向，提供了根本遵循。2020 年 9 月，习近平亲临湖南考察，赋予湖南"三高四新"战略定位和使命任务：着力打造国家重要先进制造业、具有核心竞争力的科技创新、内陆地区改革开放的高地，在推动高质量发展上闯出新路子，在构建新发展格局中展现新作为，在推动中部地区崛起和长江经济带发展中彰显新担当，奋力谱写新时代坚持和发展中国特色社会主义的湖南新篇章。这为湖南教育服务支撑社会发展指明了政策实践方向。立足新时代，我们必须更加自觉用习近平新时代中国特色社会主义思想尤其是习近平总书记关于教育的重要论述武装头脑、指导实践、推动工作。

一、习近平总书记关于教育的重要论述的主要内容

党的十八大以来，习近平就教育改革发展作出了一系列重要讲话、指示批示，系统回答了一系列方向性、全局性、战略性重大问题，提出了一系列新理念、新思想、新观点，形成了一系列关于教育的重要论述，逐渐形成了系统完整、逻辑严密的新时代中国特色社会主义教育理论体系。正是这种体系化，让习近平总书记关于教育的重要论述更具有结构严谨的丰富内容，形成了思想融通、逻辑互证的整体力量。习近平总书记关于教育的重要论述从根本上阐明了新时代中国特色社会主义教育发展方向、道路、方针、原则等一系列方向性、根本性、战略性问题，以全新的视野深化了对社会主义建设规律、教育发展规律、人才培养规律的认识，开拓了马克思主义教育思想的新境界，标志着中国特色社会主义教育理论发展达到了新高度，为加快推进教育现代化、建设教育强国、办好人民满意的教育提供了根本遵循和行动指南。习近平总书记关于教育的重要论述逻辑起点是培养社会主义建设者和接班人，逻辑展开是"九个坚持"，逻辑归宿是办好人民满意的教育，其主要内容可简要归纳为教育的战略

定位、发展目标、根本任务、发展路径、根本保证等五个方面。

1. 教育的战略定位

教育是民族振兴、社会进步的重要基石。2014年9月，习近平在同北京师范大学师生代表座谈时强调，"教育是提高人民综合素质、促进人的全面发展的重要途径，是民族振兴、社会进步的重要基石，是对中华民族伟大复兴具有决定性意义的事业"，"当今世界的综合国力竞争，说到底是人才竞争，人才越来越成为推动经济社会发展的战略性资源，教育的基础性、先导性、全局性地位和作用更加突显"，"'两个一百年'目标的实现、中华民族伟大复兴中国梦的实现，归根到底靠人才、靠教育"。习近平强调，教育"事关民生大计，事关民族未来"，"教育是国之大计、党之大计"。这些关于教育战略地位的新理念、新思想、新观点，体现出习近平总书记在教育地位作用的认识上的高瞻远瞩，也反映出十八大以来党中央始终把教育置于民族复兴和国家发展中的优先位置的考虑和谋划。2018年5月，习近平在北京大学师生座谈会上强调，"教育兴则国家兴，教育强则国家强"，"重视教育就是重视未来，重视教育才能赢得未来"。这些重要论述，站在过去、现在、未来三个时间维度，立足个人、民族、社会、国家四个不同层面，深刻揭示了教育在促进人的全面发展和推动民族振兴、社会进步中的本质功能，全面阐述了教育在经济社会发展中的基础性、先导性、全局性地位，强调指出了教育对于实现中华民族伟大复兴的根本作用，是对我们党关于教育优先发展理论的丰富和发展。

2. 教育的发展目标

习近平强调，坚持把优先发展教育事业作为推动党和国家各项事业发展的重要先手棋，不断使教育同党和国家事业发展要求相适应、同人民群众期待相契合、同我国综合国力和国际地位相匹配。党的二十大报告强调，"育人的根本在于立德。全面贯彻党的教育方针，落实立德树人根本任务，培养德智体美劳全面发展的社会主义建设者和接班人"，"着力培养担当民族复兴大任的时代新人"。这些重要论述，使我们对习近平总书记关于教育目标任务的思想认识更加整体化、系统化。在这一总体目标之下，习近平还多次强调要"使我国教育越办越好、越办越强"，"提升我国高等教育综合实力和国际竞争力"，"努力让每个孩子享有受教育的机会，努力让 13 亿人民享有更好更公平的教育"。这些重要论述，阐明了我国教育发展的总体目标，彰显出泱泱大国的气度和自信。习近平立足党和国家工作全局，对教育工作提出了一系列新理念、新思想、新战略，强调教育要为人民服务、为中国共产党治国理政服务、为巩固和发展中国特色社会主义制度服务、为改革开放和社会主义现代化建设服务。这为教育工作指明了前进方向，提供了行动指南。坚持为人民服务，这是践行党全心全意为人民服务宗旨的生动体现。为中国共产党治国理政服务，就是要坚持党对教育工作的领导，凝聚广大师生和知识分子的力量，坚定不移地跟党走。为巩固和发展中国特色社会主义制度服务，就是要教育和引导青少年学生正确认识中国特色社会主义制度的优越性，增强爱国报国的责任感和使命感，自觉把个人梦想融入中国梦。为改革开放和社会主义现代化建设服务，就是要坚持以社会需求为导向，加快培养社会主义现代化建设急需紧缺的各类人才，提高支撑和引领经济社会发展的能力，在服务社会中赢得广泛支持、拓展发展空间。

3. 教育的根本任务

习近平多次强调教育的根本任务是立德树人，把立德树人作为检验学校一切工作的根本标准，内化到学校建设和管理各领域。教育最根本的任务就是要完成好、履行好立德树人的职责，培养造就中国特色社会主义事业建设者和接班人。在 2016 年 12 月召开的全国高校思想政治工作会议上，习近平明确指出，"要坚持把立德树人作为中心环节"。在党的十九大报告中强调，"落实立德树人根本任务"。在 2018 年 9 月的全国教育大会上，习近平明确将立德树人列为"九个坚持"新理念、新思想、新观点的第二位。党的二十大报告着重强调，"全面贯彻党的教育方针，落实立德树人根本任务，培养德智体美劳全面发展的社会主义建设者和接班人"。可见，习近平总书记对立德树人这一根本任务的重视程度。除此之外，习近平在各级各类教育发展中也突出强调了立德树人的根本任务，比如，2016 年 9 月在北京市八一学校考察时强调"基础教育是立德树人的事业"，2018 年 8 月在给中央美术学院老教授回信时强调"做好美育工作，要坚持立德树人，扎根时代生活，遵循美育特点，弘扬中华美育精神，让祖国青年一代身心都健康成长"。这些重要论述，着眼全局、把握关键、立意深远，进一步回答了新形势下教育培养什么样的人、怎样培养人、为谁培养人这个重大问题。

4. 教育的发展路径

习近平强调，我国有独特的历史、独特的文化、独特的国情，教育必须坚定不移走自己的路。为了完成立德树人根本任务，以习近平同志为核心的党中央进行了艰辛探索，提出一系列富有建设性的发展举措。习近平在 2018 年 9 月的全国教育大会上强调要在六个方面下功夫，即要在坚定理想信念、厚植爱国主义情怀、加强品德修养、增长知识见识、培养奋斗精神和增强综合素质上下功夫。在加强立德树人机制建设方面，习近平要求构建全员育人的育人主导机制、全过程育人的内部整合机制和全方位育人的外部协同机制。特别强调构建家庭教育、学校教育、社会教育形成合力的教育体系，从而为落实立德树人根本任务指明了方向。习近平提出要扎根中国大地办教育，在 2018 年 9 月的全国教育大会上，进一步把"扎根中国大地办教育"提升为"九个坚持"之一，具有鲜明的中国特色、中国风格、中国气派。此外，习近平在 2016 年 12 月的全国高校思想政治工作会议上指出："我国有独特的历史、独特的文化、独特的国情，决定了我国必须走自己的高等教育发展道路，扎实办好中国特色社会主义高校。我们要扎根中国、融通中外，立足时代、面向未来，坚定不移走自己的路。"尽管我国高等教育办学规模和年毕业人数已居世界首位，但规模扩张并不意味着质量和效益增长，习近平一再强调"走内涵式发展道路是我国高等教育发展的必由之路"。这些重要论述，虽然是针对高等教育提出的，其实质是对如何扎根中国大地、办中国特色社会主义教育事业这个重大课题的回答，是基于对中外教育发展历史规律的深刻把握，是各级各类教育沿着正确道路前进的指南针。

5. 教育的根本保证

教育具有鲜明的政治属性，我们所举办的教育，是党领导下的中国特色社会主义教育。习近平始终重视坚持和加强党对教育事业的领导，强调加强党对教育工作的全面领导，是办好教育的根本保证。党的十八大以来，以习近平同志为核心的党中央基于时代大势，扎根神州大地，遵循教育规律，在领导教育改革发展中形成了党领导教育工作的宝贵经验。2017 年 10 月，习近平在党的十九大报告中提出："坚持党对一切工作的领导。党政军民学，东西南北中，党是领导一切的。"2018 年 9 月，习近平在全国教育大会上强调："加强党对教育工作的全面领导，是办好教育的根本保证。"这是中国共产党领导教育工作百年历程和经验的深刻总结，是中国特色社会主义教育事业发展规律的根本性认识，是办好新时代中国特色社会主义教育的根本制度。由改革开放和社会主义建设新时期"必须坚持党对教育工作的领导"到中国特色社会主义新时代"加强党对教育工作的全面领导"，这是以习近平同志为核心的党中央对党领导教育事业思想的继承和创新。同时，习近平在全国高校思想政治工作会议上强调，"办好我国高等教育，必须坚持党的领导，牢牢把握党对高校工作的领导权，使高校成为坚持党的领导的坚强阵地。这一点任何时候都不能有丝毫动摇"。而诸如坚持社会主义办学方向，加强思想政治工作，牢牢把握意识形态工作的领导权和主导权等重要论述，无时无刻不强调党对教育工作的全面领导，展现了发展教育事业的高度政治自觉。

二、习近平总书记关于教育的重要论述的时代价值

习近平总书记关于教育的重要论述，既根植于中华民族崇文重教的优良传统，又体现了中国特色社会主义新时代的鲜明特征，是习近平新时代中国特色社会主义思想的重要组成部分，是马克思主义基本原理与中国教育实践相结合的重大理论结晶，为我们做好新时代教育工作提供了强大思想武器和行动指南。

1. 习近平总书记关于教育的重要论述是习近平新时代中国特色社会主义思想的重要组成部分

习近平新时代中国特色社会主义思想是在中国特色社会主义进入新时代的历史性实践中生成的。纵观习近平新时代中国特色社会主义思想关于"五位一

体"总体布局和"四个全面"战略布局的重要论述,教育都是其中的重要内容。习近平强调,教育在现代化建设中的基础性、全局性、先导性的地位和作用;在全国教育大会上指出:"坚持把优先发展教育事业作为推动党和国家各项事业发展的重要先手棋,不断使教育同党和国家事业发展要求相适应、同人民群众期待相契合、同我国综合国力和国际地位相匹配。"由此可以看出,习近平总书记关于教育重要论述始终围绕中国特色社会主义现代化建设的宏伟目标蓝图,与习近平新时代中国特色社会主义思想是部分与整体的关系,与习近平新时代中国特色社会主义思想的基本理论观点相互贯通、有机衔接。

2. 习近平总书记关于教育的重要论述是对马克思主义教育思想的继承和发展

习近平总书记关于教育的重要论述,集中体现了马克思主义的精神实质和价值追求,闪耀着马克思主义的真理光辉。习近平指出,在历史和人民的选择中,马克思主义成为我们立党立国的根本指导思想。要下大决心培养一批立场坚定、功底扎实、经验丰富的马克思主义学者,特别是要培养一大批青年马克思主义者。这也保证了教育的鲜亮底色。特别是在全国教育大会上,习近平总书记把对教育的思考和认识又提到了一个新境界。比如,对教育发展政治保证有了新论断,强调要"坚持加强党对教育事业的全面领导";对教育根本任务有了新认识,提出"培养德智体美劳全面发展的社会主义建设者和接班人";对教育战略地位、时代使命有了新定位,指出"教育是对中华民族伟大复兴具有决定性意义的事业";对教育价值追求有了新阐释,强调"教育要坚持以人民为中心的发展思想";等等。这些新思想新论断,是习近平新时代中国特色社会主义思想的重要组成部分,是中国特色社会主义教育理论发展的最新成果,开辟了马克思主义教育理论和实践发展的新境界。毋庸置疑,习近平总书记关于教育的重要论述也为促进世界各国教育文化领域的交流互鉴提供了重要理念。

3. 习近平总书记关于教育的重要论述是中国特色社会主义教育事业发展实践的最新理论成果

习近平总书记关于教育的重要论述是在中国特色社会主义进入新时代背景下,在长期的总结中国教育改革发展经验、破解现实问题的教育实践中逐渐发展形成的,是新时代中国特色社会主义教育实践的经验总结和理论升华。党的十八大以来,中国特色社会主义教育事业取得了全面发展,中国特色社会主义教育事业取得的全方位、开创性成就,催生和孕育了习近平总书记关于教育的重要论述,并拓展了其实践广度、现实深度和历史厚度。2018年9月10日,习近平在全国教育大会上提出"九个坚持","九个坚持"是由"一条总纲""两个使命""两个担当""三大战略"等内容组成的系统完备的有机整体。"一条总纲"体现在坚持党对教育事业的全面领导;"两个使命"体现在坚持立德树人根本任务、坚持把服务中华民族伟大复兴作为教育的重要使命;"两个担当"体现在坚持扎根中国大地办教育的自觉自信、坚持以人民为中心的价值追求;"三个战略"体现在坚持教育事业优先发展、坚持深化教育改革创新、坚持把教师队伍建设作为基础工作三个方面。"九个坚持"蕴含的政治逻辑、发展逻辑、现实逻辑、理论逻辑、实践逻辑思维缜密、结构清晰,构成完整的体系,形成强大的思想力量。党的十九大报告明确指出,习近平新时代中国特色社会主义思想"是全党全国人民为实现中华民族伟大复兴而奋斗的行动指南,必须长期坚持并不断发展"。作为习近平新时代中国特色社会主义思想的重要组成部分,习近平总书记关于教育的重要论述为新时代中国教育改革发展明确了战略目标和任务,擘画了加快推进教育现代化、建设教育强国的宏伟蓝图,勾勒出了新时代教育高质量发展的路线图,是新时代做好教育工作的根本遵循和行动指南。

三、习近平总书记关于教育的重要论述的时代特质

习近平总书记关于教育的重要论述作为中国特色社会主义教育事业发展实践的理论结晶和加快教育现代化步伐、办好人民满意的教育的行动指南,具有鲜明的时代特质。

1. 党性与人民性相统一

坚持中国共产党的领导是中国式现代化的本质要求。中国共产党在中国式教育现代化进程中发挥着方向引领、方针确定和根本保障作用,决定了中国式

教育现代化是中国共产党领导的具有中国特色的社会主义教育现代化。教育事业是中国共产党领导下的社会主义教育事业。习近平强调，我们党立志于中华民族千秋伟业，必须培养一代又一代拥护中国共产党领导和我国社会主义制度、立志为中国特色社会主义事业奋斗终生的有用人才。同时明确要求，要做好当前和今后一个时期的教育工作，就必须继续加强党对教育事业的全面领导，把我们的特色和优势有效转化为培养社会主义建设者和接班人的能力。这凸显了鲜明的党性原则，也体现了党的十八大以来习近平总书记推进治国理政最为突出的特色。人民性是习近平新时代中国特色社会主义思想的内在品格，也是习近平总书记关于教育的重要论述最鲜明的特征。习近平总书记关于教育的重要论述富有浓厚的人民情怀，十分关心人民群众的教育获得感，始终把人民对美好教育的期待和向往作为奋斗目标。党的十九大报告把坚持以人民为中心作为新时代坚持和发展中国特色社会主义的重要内容。习近平指出，"教育公平是社会公平的重要基础，要不断促进教育发展成果更多更公平惠及全体人民，以教育公平促进社会公平正义"。努力让每个孩子都能享有公平而有质量的教育。这些重要论述，既深刻阐明了我国教育的社会主义性质，又鲜明表达了我国教育的人民立场，充分体现了我们党全心全意为人民服务的根本宗旨、深刻的为民情怀和人民至上的价值取向。在党的领导下办好人民满意的教育，是习近平总书记关于教育的重要论述的价值追求，体现出党性和人民性的高度统一。

2. 本土性与世界性相统一

在百余年来的中国教育现代化发展历程中，我们始终以放眼世界、海纳百川和兼容并包的国际视野，吸收和借鉴了世界优秀教育成果，与一百多个国家和地区建立了教育合作与交流关系，与众多国际组织或国家和地区签署了学历学位互认协议，但中国教育现代化探索的主流声音依然是扎根国情民生的本土化求索和中国化改造。习近平强调，我国有独特的历史、独特的文化、独特的国情，教育必须坚定不移走自己的路。我国五千多年的文明史，孕育了学无止境、有教无类、因材施教等深厚的教育思想。这就要求我们立足中国看世界，要铸就我们自己的魂，不能见异思迁，不能人云亦云，必须坚持以马克思主义为指导，坚持社会主义办学方向，坚持扎根中国大地办教育，培养德智体美劳全面发展的社会主义建设者和接班人。这是我们办教育最大的特色，也是最大的优势，更是中国教育与西方教育最大的不同。习近平突出强调，人类文明和知识的传承离不开教育，人类美好生活的创造离不开教育。要促进各国学生增进相互了解、树立世界眼光、激发创新灵感，确立为人类和平与发展贡献智慧和力量的远大志向。坚持不忘本来，也要吸收外来，如此方能开辟未来。我们要认真吸收世界上先进的办学治学经验，更要遵循教育规律，扎根中国大地办大学。可以说，推动中国的教育事业向纵深发展，既要扎根中国也要放眼世界，既要聚焦国情与也要关注世情，既要立足本土也要吸纳外力。正因如此，习近平在联合国"教育第一"全球倡议行动一周年纪念活动上发表的视频贺词庄严承诺："中国将加强同世界各国的教育交流，扩大教育对外开放，积极支持发展中国家教育事业发展，同各国人民一道努力，推动人类迈向更加美好的明天。"

3. 理论性与实践性相统一

伟大的时代呼唤伟大的理论，伟大的理论需要科学的实践。理论与实践相统一，是马克思主义哲学的基本观点。理论创新以实践为基础，又是实践创新的先导。习近平指出，用以观察时代、把握时代、引领时代的理论，必须反映时代的声音，绝不能脱离所在时代的实践，必须不断总结实践经验，将其凝结成时代的思想精华。习近平总书记关于教育的重要论述是以强烈的理论创新意识为引领，在把握世界教育发展趋势、揭示现代教育发展规律、看待中国教育发展实际的基础上，形成的具有中国特色的社会主义教育思想。这一理论体系是与中国特色社会主义教育实践共生和共同发展的，其形成符合马克思主义实践与认识的辩证统一关系。这一理论切实指导着教育实践的方向，推动着教育实践的发展。比如，习近平在学校思想政治理论课教师座谈会上强调，用科学理论培养人，重视思政课的实践性，把思政小课堂同社会大课堂结合起来，教育引导学生立鸿鹄志，做奋斗者。针对当前教育中存在的以分数、录取率论英雄的错误导向，习近平提出"以德树人"的教育思想，希望教育引导青年学生既打牢基础知识又积极掌握技能，主动形成科学的价值观、人生观、世界观。在推动教育公平方面，将提高教育质量、实现区域内义务教育均衡发展作为教育发展的重中之重。如此等等，都充分体现出其指导教育实践的价值。可以说，习近平总书记关于教育的重要论述也是与中国特色社会主义教育事业发展的伟大实践相伴相生的，更是在国家社会发展全局中、从改革开放四十多年伟大历史进程中总结出来的关于教育的理论精髓。习近平总书记关于教育的重要论述正是在理论与实践的交融中不断深化对教育发展问题的认识，是来自鲜活的社会实践、教育实践的思想理论，又在实践中得到了充分检验，是理论与实践相统一的科学系统的教育思想。

4. 继承性与创新性相统一

习近平总书记关于教育的重要论述既离不开博大精深的中国传统教育思想的滋养，又与马克思主义教育理论一脉相承；既贯穿着马克思主义立场、观点和方法，又在以往的基础上推动马克思主义教育思想进行理论创新；既秉承了邓小平、江泽民、胡锦涛等党和国家前任领导人的教育思想精髓，又蕴含着对教育之治的创新与发展。习近平十分赞同古人关于"敬教劝学，建国之大本；兴贤育才，为政之先务"的思想，基于此，他强调必须"真正把教育摆在先行官的位置，努力实现教育、科技、经济相互支持、相互促进的良性循环"。强调坚持文化自信是更基础、更广泛、更深厚的自信，是更基本、更深沉、更持久的力量，指出"中华优秀传统文化是中华民族的文化根脉"。与此同时，习近平要求，要把创新摆在国家发展全局的突出位置，顺应时代发展要求，着眼于解决重大理论和实践问题，积极识变应变求变，大力推进理论创新、实践创新、制度创新、文化创新以及其他各方面创新，不断开辟发展新领域新赛道，塑造发展新动能新优势。习近平总书记结合新时代教育实践进行了创造性阐发，将教育放在了整个治国理政的总体格局中，放在了中华民族伟大复兴中国梦的高度，体现了党的教育方针与时俱进的丰富和发展。2016 年 9 月，习近平在北京市八一学校考察时强调，"要深化办学体制、管理体制、经费投入体制、考试招生及就业制度等方面的改革"。2017 年 5 月，习近平在中央全面深化改革领导小组第三十五次会议上再次强调，要"深化教育体制机制改革"。2018 年 10 月，习近平在全国教育大会上作出"深化教育体制改革，健全立德树人落实机制，扭转不科学的教育评价导向"的新部署。这些创新改革论述，有效搭建起了教育改革的"梁"和"柱"，既体现历史纵深感，又全面关照现实社会与虚拟社会的结合互动，从而使习近平总书记关于教育的重要论述拥有了更为强大的生命力。

5. 顶层性与底线性相统一

党的二十大报告深刻阐述了中国式现代化的中国特色、本质要求和重大原则，是对推进中国式现代化的最高顶层设计。以习近平同志为核心的党中央深刻洞察世界发展大势，准确把握人民群众的共同愿望，深入探索经济社会发展规律，在制定规划和政策体系过程中始终体现时代性、把握规律性、富于创造性。在教育领域，顶层性集中体现于党的教育方针、聚焦于办学方向，其集大成者是习近平总书记关于教育的重要论述。习近平总书记关于教育的重要论述是基于世界教育发展大势、国际教育发展前沿和中国教育改革发展实际提出来的，对"培养什么人、怎样培养人、为谁培养人"这一教育的根本问题作了系统回答，对新时代中国教育改革发展作出了顶层设计和战略部署，包括教育的根本保证、根本任务、根本宗旨、发展方向、时代使命、发展战略、发展道路等重大问题和关键性问题都进行了整体设计和通盘考虑，做到了到远近结合、上下贯通、内外协调。党和国家对教育事业的政策布局充分发挥了顶层设计对基层实践的科学引领。同时，习近平总书记在思考教育问题时，也始终坚持底线思维。2016 年 12 月，全国高校思想政治工作会议首次将其与"培养什么人、如何培养人"一道作为教育的根本问题加以提出。在全国教育大会上，习近平进一步提出，"教育是国之大计、党之大计"，"为党育人的初心不能忘、为国育才的立场不能改"，反复强调教育事关党和国家事业长治久安、后继有人，提出"思想政治工作是学校各项工作的生命线，各级党委、各级教育主管部门、学校党组织都必须紧紧抓在手上"。这种顶层设计和底线思维统一的思想品格，体现了习近平总书记作为政治家思考教育问题的独特视角和高远站位。

第三节　高质量教育体系建设的时代环境

研究教育政策首先必须抓住教育政策问题，教育政策问题的构建是教育政策形成的逻辑起点，是连接社会教育问题和制定教育政策决策的关键环节，是社会公共教育问题的"加工厂"和"过滤器"，是教育政策的酝酿与形成过程。[①] 但并非所有的教育问题都能够成为教育政策问题，教育政策问题是来源于国家和社会发展的需要，并且随着社会的发展而发展的，它取决于教育政策环境，包括政治环境、经济环境、文化环境、国际环境和时代环境等。因此，科学判断教育问题所处的环境，把握国家的新要求，理清发展的新形势，研究社会的新需求就显得尤为重要。

一、从世界看，教育竞争日趋激烈

"当今世界正在经历百年未有之大变局"，这是党的十八大以来，以习近平同志为核心的党中央洞察时代风云和世界发展大势而作出的重大战略判断。"大变局"之变，变在世界经济重心正在"自西向东"加快移动，大国博弈和战略竞争日益加剧，全球治理体系正在发生深刻变革，新一轮科技革命与产业变革风起云涌，经济全球化进程明显加快。而这一变局是百年来中国从未经历、从未遭遇过的，但其中最大的不变就是教育始终是最大变量。

1. 世界教育处于大发展、大调整、大变革的重要时刻

2008 年国际金融危机发生以来，世界进入了知识经济时代，新一轮科技革命和产业变革孕育兴起，变革突破的能量正在不断积聚，经济全球化深入发展，人才、知识、技术、资本、信息等创新资源在全球流动的速度、范围和规模达到空前水平。随着知识经济和数字社会的来临，大国之间竞争的主战场已

① 孙萍，许阳. 公共政策议程设置研究现状梳理与评价 [J]. 广东行政学院学报，2012，24 (3)：28-32.

经转移到全球性的科技创新与高端人才方面，对科技创新的制高点与战略级国际性人才的争夺更是空前激烈。在全球诸多种竞争力指数中教育所占权重的不断彰显，是当前国际上综合国力及其竞争力指数编制的一个显著特点。[①] 国际竞争的决定因素是制度、人才和科技的竞争，归根到底是人才的竞争、教育的竞争。世界科技中心近五百年来呈现出周期性转移现象，先后产生了意大利、英国、法国、德国、美国五个世界科技中心和创新高地，这些国家不仅成为当时的世界科技中心和世界高等教育中心，并在相当长一段时间内保持住了在科技与智力创新上的供给能力。[②] 许多国家都把教育作为最为重要的国家战略，进行开发和规划，力图利用知识经济的发展机遇来增强国际竞争力。如，美国致力于创建全面且具有竞争力的教育体系，英国的抱负是成为全球教育联盟的领头羊，日本始终坚持"教育立国"理念，俄罗斯通过优先发展教育来确保回归世界经济强国行列。可以说，谁抓牢了教育，谁就能在大发展、大调整、大变革的重要时刻抢得先机，掌握主动权。

2. 世界教育正处于科技深刻变革的关键时期

当前，世界发展正处在第四次科技革命和产业变革的前夜，科技进步日新月异，互联网、云计算、大数据、移动通信、自动化、人工智能、3D 技术、先进制造等领域呈现群体跃进态势，颠覆性技术不断涌现，催生的新经济、新产业、新业态、新模式，深刻改变着人类的生产方式、生活方式和学习教育方式。现代科学技术的发展提供的越来越多的新知识、新技能、新材料、新工具与新技术，改变着人们学习知识、应用知识、创造知识的方式。为了应对新技术革命背景下日趋激烈的国家竞争，美、英、德、日、韩等国家积极制定以创新为核心的教育发展战略，纷纷通过改革和发展教育抢占发展先导权、优势权和制高权，力图为引领新技术革命中的国际分工提供坚实的教育和人才支撑。

① 世界银行，联合国教科文组织高等教育与社会特别工作组. 发展中国家的高等教育：危机与出路 [M]. 蒋凯，译. 北京：教育科学出版社，2001：6-10.

② 张学文，刘益东. 科教兴国视野下高等教育强国建设：内在逻辑与行动路向 [J]. 教育研究，2023，44（3）：19-31.

科技革命、产业革命等都在时时刻刻触动着教育领域的深刻变革，呼唤改革与创新传统的教育教学模式，树立以学生发展为中心的教育教学新理念，努力培养与开发学生的创造力。

3. 教育国际化是当今时代教育的整体特征和历史趋势

国际化绝不是一个单向的过程，而是国与国之间的交流与合作。在世界经济全球化、贸易自由化的推动下，教育资源在国际间进行配置，教育要素在国际间加速流动，教育国际交流与合作日益频繁，世界各国教育相互影响、相互依存的程度不断提高。21世纪以来，科技革命和经济全球化的进程不断加快，人才需求和人才培养国际竞争加剧，北美、西欧、澳大利亚以及日本等发达国家和地区率先掀起新一轮教育国际化潮流。教育国际化不仅是教育资源在国际间进行配置，教育要素在国际间加速流动，更是教育技术、教育内容、教育形式、教育理念、教育方法、教育制度在日益频繁的教育国际交流与合作中进行交流、碰撞、合作与创新。这种教育的相互交流、相互竞争、相互包容、相互激荡，极大地丰富了各国在人才培养目标的确定、教育内容的选择以及教育手段和方法的采用，极大地促进了各国教育的共同发展。同时，由于教育的思想文化属性，伴随着教育过程的思想文化和价值观念输出，势必会影响未来国际话语权，这也是教育国际化博弈中暗潮涌动的重要方面，从而让教育国际交流具有了复杂的、微妙的特点。无论是从经济上还是文化上来说，在全球化的时代背景下，中国已经步入了一个融入世界的历史进程中。可以说，日趋频繁的国际教育竞争交流或者说教育国际化才是影响新时代中国教育改革最为深刻的环境变量。

二、从国内看，中国教育正逐步走向世界舞台中央

新时代是我国日益走近世界舞台中央，不断为人类作出重大贡献的时代。"十四五"时期，是我国由全面建设小康社会向基本实现社会主义现代化迈进的关键时期，是"两个一百年"奋斗目标的历史交会期，也是全面开启社会主义现代化强国建设新征程的重要机遇期，新时期、新阶段的国内经济社会发展

将呈现许多新特点。党的十八大以来，我国教育改革发展取得了显著成就，中国特色社会主义教育发展道路越走越宽，中国教育现代化站在新的历史起点上，走向现代、走向开放、走向世界的步伐愈发铿锵有力。

1. 经济社会转型发展推动教育进入新阶段

教育的转型始终是社会转型的结果与征候。党的十八大、十九大、二十大，以习近平同志为核心的党中央围绕政治环境、生态环境、社会环境和经济环境等的建设，部署了一系列重大行动和攻坚战，奠定了良好的发展基础，创造了稳定和谐的发展环境。我国经济社会发展在取得历史性成就的基础上，出现新的全方位历史性转型的新特征：生产力的转型升级要求更加注重创新驱动，教育发展要为各方面创新提供知识、技术和人才支撑，抓好教育成为创新发展、推动生产力转型升级的根本大计；生产关系的转型升级要求更加关注社会公平，促进教育公平，让每个孩子享有受教育的机会，是实现社会公平、推动生产关系转型升级的应有之义；政治上层建筑权力运作方式的转型要求注重治理体系变革，教育是全面深化改革和推进依法治国的重要领域，深化教育领域综合改革，推进教育治理体系和治理能力现代化，是推动国家权力科学运作的必然要求。中国特色社会主义进入新时代，我国社会的主要矛盾已经转化为人民日益增长的美好生活需要和不平衡不充分的发展之间的矛盾。只有牢牢抓住主要矛盾，才能把握发展社会生产力的着力点，教育同样如此。教育进入新发展阶段，这是新时代教育发展的总的历史方位。进入新时代，主要矛盾随之转化，人们对更好更公平而有质量的教育的需求越发强烈，呈现多样化、个性化态势，这就要求我们必须紧扣"为谁培养人、培养什么人"而思考"怎样培养人"的问题。

2. 我国进入加快建设教育强国的新时期

当前，中国和世界的关系正在发生历史性变化，中国已经发展成为世界上第二大经济体，国际影响力快速提升，在国际事务中的作用更加突出，正在以更加进取、自信、成熟的姿态走近世界舞台中央。"世界之变"和"中国之变"深刻影响"教育之变"。党的十八大以来，我国教育改革发展取得了显著成就，中国特色社会主义教育发展道路越走越宽，中国教育现代化站在了新的历史起点上。从教育总体规模和水平来看，我国已建成世界上规模最大的教育体系，教育现代化发展总体水平跨入世界中上国家行列；从教育普及程度来看，各级教育普及程度达到或超过中高收入国家平均水平，一个服务 14 亿多人口、面向每个人、适合每个人、更加开放灵活的教育体系日渐完善；从教育服务高质量发展的能力来看，接受高等教育人口超 2.4 亿，新增劳动力平均受教育年限达 14 年，助力劳动力素质结构发生重大变化；① 从教育开放程度来看，我国同 181 个建交国普遍开展了教育合作与交流，与 159 个国家和地区合作举办了孔子学院（孔子课堂），与 58 个国家和地区签署了学历学位互认协议，深入实施共建"一带一路"教育行动，加强同共建国家教育领域互联互通，建设了 23 个鲁班工坊，启动了海外中国学校建设试点。② 这些成绩的取得，使得我国教育发展整体上进入世界中上水平，开始进入世界教育发展第一方阵，在发展理念、发展标准等方面开始与国际教育最新发展的潮流同频共振。在经历了借鉴、跟跑、追赶的历史阶段后，我国教育逐步实现了自主、超越和领跑，我国教育已经开始走出国门，世界教育开始认真倾听中国声音，相关中国标准已经开始被世界接受，在创新创业教育、信息技术与教育教学深度融合即在线开放课程建设等方面开始领跑。强国先强教，没有教育强国就不可能有现代化强国，就不可能实现民族复兴。党的二十大报告将教育强国明确为到 2035 年必须"建成"的目标之一，放在科技强国、人才强国、文化强国、体育强国、健康中国等目标之前，教育之于国家现代化建设的极端重要性不言而喻，也标志着我国正在从教育大国崛起，阔步迈向教育强国。

3. 教育战略地位得到历史性新突破

教育是民生之首、兴国之基。教育的重要使命需要在历史方位中重新审

---

① 赵婀娜，丁雅诵，吴月. 推动教育强国建设行稳致远：5 年来我国教育事业改革发展综述 [N]. 人民日报，2023-09-08.

② 教育部国际合作与交流司. 党的十八大以来教育国际合作与交流有关情况介绍 [EB/OL].（2022-09-20）[2022-09-20]. http：//www. moe. gov. cn/fbh/live/2022/54849/sfcl/202209/t2022092 0_662968. html.

视。习近平总书记从实现"两个一百年"奋斗目标和中华民族伟大复兴中国梦的全局出发，明确了教育的历史定位。在党的十八大报告和十九大报告中，教育被分别纳入文化建设部分和社会建设部分之中予以部署。强调更多的是教育的知识传承、道德浸润、人心教化等作用。党的二十大报告首次把教育与科技、人才等方面工作融合起来，提出"教育、科技、人才是全面建设社会主义现代化国家的基础性、战略性支撑。必须坚持科技是第一生产力，人才是第一资源，创新是第一动力，深入实施科教兴国战略、人才强国战略、创新驱动发展战略，开辟发展新领域新赛道，不断塑造发展新动能新优势"。赋予教育新的战略地位、历史使命和发展格局，极具战略意义和深远影响。标志着教育、科技、人才"三位一体"的战略性支撑系统加速形成。强调的是教育在全面建设社会主义现代化国家新征程上的服务高层次、创新型人才培养方面发挥更大作用，不仅标志着党和国家对教育的战略地位和意义的认识取得重要突破，而且还赋予了教育在现代化国家建设中前所未有的新属性、新定位与新使命。

三、从湖南看，在挑战中蕴藏着更多的机遇

教育与区域经济发展之间相互依存、相互促进、相互影响、相互制约。不同区域之间、自然状况、地理条件、社会历史与文化环境等方面都存在诸多差异，因此教育发展必须置于区域视野中予以考察，需要更多地挖掘出区域的比较优势，进而发展具有区域特色的教育。就湖南来看，人口规模、社会经济、战略布局等都对教育发展产生了深远影响，挑战与机遇并存。

1. 人口规模变化不断促动湖南教育布局调整

生育政策的调整、人口老龄化的加快，使得教育与人口的关系将更加紧密、直接和现实。人口数量影响教育发展的规模与教育投入，在一定政治经济条件下，人口数量越多，要求教育规模越大。反之，人口减少也会影响教育发展规模。湖南省 2021 年国民经济和社会发展统计公报显示，湖南全省全年出生人口 47.30 万人，死亡人口 54.93 万人，人口自然增长率－1.15‰，湖南人口首次进入负增长阶段；常住人口 6622 万人，比 2020 年减少 23.39 万人，同

比下降 0.35%。特别是自 2018 年以来，湖南人口出生出现连续下降，2021 年已降至 47.30 万人，与 2012 年出生人口峰值（97.20 万人）相比，减少了一半。可以预计，未来几年的湖南人口低出生率的趋势将难以逆转。2021 年末，湖南常住人口城镇化率提高到 59.71%，仍低于全国水平近 5 个百分点，这说明我省新型城镇化的发展空间还很大，未来湖南人口城镇化趋势还将继续保持，省内人口流动将主要去往省会长沙等地。特别需要引起注意的是，因为农村生源的减少城市生源的增加，一些农村学校一个学生招不到和省会学校一位难求的现象较为普遍。人口自然增长率转负，乡村持续向城镇涌动，人口持续向省外流动，这种人口新形势，对湖南教育产生深远影响，虽然当前的影响不够明显，但其对教育规模、教育资源配置、教育空间结构布局、教育风险防范等方面产生重大影响。这就需要提前研判，科学应对。

2. 经济发展加快供给与需求演变

湖南牢记习近平总书记的嘱托，始终如一地瞄准"三高四新"美好蓝图，加快推动高质量发展。实现"三高四新"美好蓝图的背后，是经济增长底层逻辑的衍变，也是教育供给与供需改革的逻辑起点。从供给侧看，经济发展水平决定着教育投入水平。湖南省统计局官网数据显示，2021 年，湖南全省地区生产总值达 46063.09 亿元，居全国第九，2012 年以来一直稳居全国前十，2013—2021 年年均增长 7.9%，高于全国平均水平 1.3 个百分点。2022 年，湖南居民人均可支配收入超 3 万元，居中部省份第一。经济发展为教育投入提供了强劲的财力基础，并且可以分配更多的财力发展教育。推进经济高质量发展，人才是第一资源，经济转型升级与国际竞争的人才供给需要教育高质量发展作为保障。从需求侧看，当前湖南经济发展正在从要素驱动、投资驱动的高速增长转向创新驱动、人才驱动的高质量发展，更加需要教育高质量发展作为保障。同样，教育高质量发展离不开经济支撑，内在要求不断适应经济发展新常态，持续增加教育投入，从而创造高质量育人环境，不断培养出经济高质量发展所需要的高质量人才，提升劳动者素质，厚植创新驱动根基，进而不断适应乃至推进经济高质量发展。从湖南发展的实际来看，湖南拥有 20 条工业新兴优势产业链、3 个万亿产业和 15 个千亿产业,培育发展了工程机械、电子信息、轨道交通等一批先进制造业产业集群,奠定了湖南在中国制造业版图的地位;又在五大新经济形态如海洋高技术装备、智能驾驶、移动互联网、新能源汽车、工业机器人、北斗导航、虚拟现实、无人机、基因测序等一大批新兴产业有一定的优势,为高质量发展增添了"新引擎"。产业发展从追求规模增长向追求质量提升转变,对教育高质量发展提出了新要求,这些为教育事业发展提供了广阔的滋养土壤。而且,湖南有着相对明显的区位优势。按照"一带一部"新定位,"一带一路"已进入全面实施新阶段,"一带一路"沿线国家和地区的市场潜力巨大,中非经贸博览会迎来了更多的贸易伙伴,首届湖南—东盟投资贸易洽谈会助推湘品出湘,教育领域存在大量机会。长江经济带和中部崛起为教育区域发展开辟了新空间,湖南处于长江经济带中游,基于"一带一部"战略定位,与粤港澳、长三角、成渝都市圈联系日益密切,湖南教育在区域开放发展方面形成了新的比较优势。经过多年发展,长株潭一体化发展已经相对成熟,岳麓山国家大学科技城建设取得显著成效,区域经济社会发展的新要求,为教育发展提出了新思考。

3."教育强省"建设进入快车道

教育兴则国家兴,教育强则国家强。聚焦实现中华民族伟大复兴的新时代使命,习近平在党的十九大报告中首次提出"建设教育强国是中华民族伟大复兴的基础工程"新论断,吹响了新时代中国教育改革和发展的进军号。优先发展教育,建设教育强省,是历届湖南省委省政府的浓厚情怀和战略定位。2006年底,湖南省第九次党代会率先在中部地区部署建设教育强省战略,是继江苏、浙江后提出建设教育强省的省份之一。2016 年,湖南省第十一次党代会提出实施创新引领开放崛起战略,并把建设"科教强省"作为"五个强省"之一,对教育工作提出了更高要求。2022 年,湖南省委十二届三次全会通过的贯彻党的二十大决定作出"加快建设教育强省"的决策部署,这是时隔十六年后,湖南再次吹响了建设教育强省的号角,标志着湖南教育进入大突破、大发展的新阶段。考量教育强省建设的依据主要体现在三个方面。一是富饶美丽幸福新湖南建设亟待强有力的教育支撑。湖南作为内陆开放前沿，产业核心竞争力特别是科技和教育水平持续提升，人力资本累积效应逐步显现，新型"五化同步"和"三量齐升""一核三极四带多点"着力推进，为教育改革创新提供了良好环境和重要基础。二是湖南创新驱动和开放崛起战略需要教育更大作为。"十三五"以来，湖南创新驱动和开放发展步伐不断加快。当前，全面贯彻五大发展理念，推进经济结构优化，实现经济中高速增长，要求依靠科技创新发展高附加值产业、绿色低碳产业和具有国际竞争力产业，构建经济发展新优势；推进供给侧结构性改革，去产能、去库存、去杠杆、降成本、补短板，要求依靠科技创新汇集高端要素，加快培育形成新的增长动力；推进区域协调发展，非洲大陆有着非常广阔的市场挖掘空间，教育领域存在大量机会。三是教育供给侧结构性改革对教育事业发展提供难得机遇。教育供给侧结构性改革的核心，是扩大优质教育资源供给，优化教育资源配置，改变单一结构供给，形成丰富、多元、可选择的供给侧结构，给受教育者提供更多、更好的选择。在城镇化发展大背景下，乡村振兴战略释放的红利将有助于农业升级、农村兴旺，是我省经济社会高质量发展的"助推器"，而教育是乡村振兴的新引擎；在新旧动能转换的关键阶段，湖南正在加快打造国家重要先进制造业高地，培育发展了一批先进制造业产业集群，一大批新兴产业的兴起，为教育开辟了服务社会新场域；在人口深度老龄化时期，多方合力提高养老服务供给能力和质量关键时期，迫切需要提升全生命周期的教育公共服务的供给能力和供给质量。

四、从教育看，教育的时代变迁更明显

教育本身是一个开放的世界与系统，其发展状态时刻受到社会发展的紧密影响。教育具有时代性，教育发展的特点与时代变迁息息相关。特别是在现代化、信息化、城镇化、老龄化等时代背景下，教育的对象群体、人民需求、教育供给和教育方式等都发生了重大而深刻的变化。

1. 教育对象群体有了新特点

增加高效的、优质的教育供给，我们首先要搞清楚教育对象群体的特征，如此方能实现精准、精细的供给。正如湖南省教育厅原厅长肖国安所指出的，当前，教育对象群体结构上复杂多样，空间上快速流动，个性上千变万化，对教育工作提出了新的更高要求。首先，我们面临着有史以来最大的独生子女群体。与多生子女相比，独生子女成长环境、性格特质不同，对教育模式、学习环境和学习条件的要求也不一样。如今教育所发生的许多问题，都与这特定的历史背景密切相关。例如，二十年前学生被批评、罚站是常有的事，而今天的教师哪怕是轻微的批评都担心引起学生及家长的过激反应。其次，我们面临着有史以来最大的流动学生群体。伴随着城镇化进程中的人口大规模迁徙，加之不少农村家庭为了追求优质教育资源而把子女送到城镇读书，从农村流向城镇的学生规模十分庞大，学龄人口区域分布不断发生深刻变化。一方面，造成城区学位需求急剧增长，导致大班额问题十分突出；另一方面，随着农村学龄人口减少，农村中小学校生源逐步萎缩，不少农村学校被弱化，甚至被撤并。再次，我们面临着有史以来最大的留守儿童群体。湖南拥有庞大的留守儿童群体，这些孩子的家庭结构和亲情关系发生了很大变化，深刻影响到他们的教育和成长。留守儿童特殊的成长环境、心理特征和教育需求必须引起高度重视。最后，我们面临着有史以来最大的"网络原住民"群体。今天的孩子无人不网、无日不网、无处不网，网络改变了孩子的思维模式、生活习性、人际交往方式，也突破了课堂的边界、学校的边界、求知的边界。如何应对"万维空间"对"三尺讲台"提出的挑战，促进线上与线下正向融合、虚拟与现实良性互动，是摆在我们面前的重大课题。

2. 人民群众对教育有了新需求

坚持人民至上，是党百年奋斗历史经验之一。习近平指出，要坚持以人民为中心发展教育，教育公平是社会公平的重要基础，要不断促进教育发展成果更多更公平惠及全体人民，以教育公平促进社会公平正义。教育关系千家万户，是重大的民生工程、德政工程。党的十八大以来，我国坚持把教育公平作为国家基本教育政策，加快缩小区域、城乡、校际、群体教育发展差距，全面打赢教育脱贫攻坚战，义务教育阶段辍学问题得到历史性解决，人民受教育权得到切实保障，人民群众教育获得感明显增强。当人们"有学上"的需要得到满足，"好上学"也已基本实现之后，对"上好学"就有了迫切需求，只有有质量的教育、高质量的教育才会成为有效教育服务供给，只有有质量的教育、高质量的教育才是政府提供了并且人民群众愿意接受的教育。[①] 也就是说，我国教育主要矛盾已经由人民对有学上的需求与教育机会供给不足的矛盾转变为人民对优质教育的需求与教育不平衡不充分发展之间的矛盾。教育主要矛盾的转变，要求未来一段时间的教育发展必然由"高速增长、资源重点投入"向"高质量发展、资源公平配置"转变。立足第二个百年奋斗目标新征程，面向扎实推进共同富裕的历史使命，满足人民群众对优质教育的新需求成为教育高质量发展的出发点和落脚点。相对而言，人们对教育领域和教育问题涉入较多，加之教育本身是一种最基础和最有效的人力资本积累途径，对公共教育资源的享有程度往往会影响到一个人的发展机会和生活品质。所以，人们对教育政策的制定和实施较其他公共政策更为关注，使得教育政策过程中的各个利益主体的利益需求和利益博弈变得更为复杂和剧烈。

3. 教育供给有了新标向

按照教育发展规律，在教育规模和普及程度达到一定水平之后，教育供求关系将发生重大变化，通俗讲，就是从"卖方市场"走向"买方市场"。中国逐步迈向高收入社会后，各类社会群体对高质量、多样化、个性化的教育需求也日益迫切，个性化学习越来越普遍，对学习途径和方式的自主性要求越来越高，对学校、教师、专业、课程的选择性也越来越强。换句话说，过去是我们办什么样的教育群众就接受什么样的教育，现在是社会和群众需要什么样的教育我们就办什么样的教育，需求导向更加凸显，主要表现在以下几个方面：其一，人们的消费结构已由生存型转向发展型，老百姓通过接受良好教育来提升

① 秦玉友. 从高速增长迈向高质量发展：新时代教育内涵发展战略转型 [J]. 南京师大学报（社会科学版），2019（6）：15-24.

自身素质、获得发展机会、改善生活品质的愿望愈加迫切；其二，优质化、个性化教育成为全社会的迫切需要，学习者对学校、教师、专业、课程的选择越来越多，要求也越来越高；其三，自主化、多样化教育成为主流模式，学习者对学习时间、场所、方式、节奏的自主性要求越来越高，教育已经从制度化的学校教育扩展到整个社会，从线下的学校教育发展到更广泛的网络教育；其四，全民化、终身化教育成为大势所趋，教育已经从儿童、青少年时期延伸到一个人的一生，要求时时学、处处学、人人学，教育向全社会和全生命周期延伸的趋向越来越明显。因此，当前教育必须更加注重因材施教、有教无类，为每个人提供合适的、优质的教育；必须更加注重以学习者为中心，让教育资源更为丰富、形式更为灵活、途径更为便捷；必须更加注重终身教育体系完善，实现人人皆学、处处能学、时时可学。

4. 教育方式有了新变革

从 2020 年开始，全球疫情高位流行、国内疫情多发，加之教育系统人员密度大、集体活动多，疫情传播风险高，给教育事业发展带来了前所未有的历史性冲击，不仅促动学习关系、学习环境、学习角色以及学习方法等发生了深刻变化，也推动了网络教育的兴起，极大影响着"教育＋互联网"改革，加快了教育对数字时代适应的步伐。以信息高速公路为代表的第二次信息革命浪潮席卷全球，同时一场新的教育革命正悄然兴起。比如，教育智能工具和电子教材的普及和发展，使得视听教学法、多媒体教学法以及键盘和鼠标的操作技能等取代了传统的教学方法和技巧，淘汰了传统的教学工具如黑板、粉笔等。还比如，现代教育技术的广泛应用取代了教师手工作坊式的教学活动，学生学习的自主性、创造性都大大加强，教育过程中的教、学两个方面都将发生重大变革，以教师为中心、教材为中心、课堂为中心的传统教学活动将会彻底改变。毫无疑问，数字时代和强大的生成式人工智能的迅速发展，将会对教育改革发展构成一个新的转折点，但如何适应发展、如何避免数字教育技术可能形成的新的不平等现象的争论处于两极分化的状态，从目前的情况来看，大多数教育管理部门、学校和教育工作者都没有做好充分准备。

第四节 高质量教育体系建设面临的问题和挑战

总体来看，湖南已基本解决了"有学上""好上学"的问题，步入了解决"上好学"的发展阶段。从"有学上"到"上好学"，这是一个历史性跨越，教育供求关系发生了重大变化，主要矛盾和工作任务也随之发生了深刻变化。过去很长一个时期，教育的主要矛盾是总量性矛盾，因而教育发展的主要任务是外延式发展、规模上的扩张。如今，教育的主要矛盾已经转变为质量和结构性矛盾。比照国家和区域新战略新要求、人民群众新期待和经济社会发展新需求，湖南教育需要沉着应对重大挑战，积极强弱项、固底板、防风险。

一、立德树人系统化落实机制有待进一步健全

党的十八大以来，习近平总书记从确保党和国家兴旺发达、长治久安的战略高度，多次就落实立德树人根本任务作出重要指示。立德树人作为教育的根本任务，关系到德智体美劳全面发展的社会主义建设者和接班人的培养，也是塑造高质量教育事业发展新动能的必然要求，其重要性不言而喻。当前，湖南教育评价改革还存在偏差，唯分数、唯升学、唯文凭、唯论文、唯帽子的顽瘴痼疾不同程度存在。部分中小学党组织政治核心作用发挥不明显，民办中小学、幼儿园党组织设置不规范，特别是民办幼儿园党的组织覆盖不足，建立党组织的民办幼儿园还不足一半，还有相当一些民办幼儿园没有配备党组织书记，党的工作无法有效开展。德智体美劳"五育"并举育人新模式还未完全确立，体育、美育、劳动教育贯彻落实仍然存在薄弱环节，卫生健康教育、生命教育等在一些学校存在缺位。学校、家庭、社会协同育人格局还没有完全形成，在引导全社会树立科学的人才观、成才观、教育观等方面仍有差距，教育焦虑有待进一步缓解。

提高质量是教育的永恒主题，而制约教育质量提升的因素又是多方面的。

比如，湖南义务教育办学条件与新时代"五育"并举育人模式需求存在差距，部分市县在信息化教学设备、在线课程资源开发、教师在线授课能力等方面还较为薄弱。一些学校体育运动场地设施不足，音乐、体育和美术器材配备标准偏低且没有按照新标准更新换代，劳动教育场所缺乏，难以满足全面加强和改进新时代学校体育、美育和劳动教育要求。比如，教材建设有待进一步加强，基础教育阶段存在部分学科内容落后、更新迟缓等现象，如信息技术教材内容落后时代 5～10 年；职业教育领域反映新技术、新工艺、新标准和新业态的"活页式""工作手册式""立体化"等新形态教材过少；高水平教材产出不多，教材理论和实践脱节现象一定程度存在，对学生缺乏吸引力。比如，研究生教育发展相对滞后，呈现学历教育高峰不高的局面。硕士学位授权高校占全省本科院校的 35.29%，远低于 46.88% 的全国平均水平结构；布局不合理，80%的研究生培养单位和 95% 以上的研究生集中在长株潭地区，常德、张家界、永州、郴州、怀化五个市研究生教育还是空白。比如，终身教育体系尚存短板。终身教育的协同推进机制不健全，社区教育、老年教育设施设备短缺，教育资源匮乏。普通教育与职业教育、学历教育与非学历教育发展不协调、衔接不畅通，学习成果认证、积累、转换机制尚未完全建立，开放大学、成人教育和继续教育办学规模萎缩，转型发展困难较大。全省高职高专院校专业布局结构、专业人才培养和专业技术服务与我省产业体系建设需求还不完全相适应。比如，民办学校法人治理建设滞后，个别民办学校举办者违规插手学校办学，把学校当作公司来管理的现象不同程度存在；民办幼儿园在办学条件和师资方面普遍薄弱，保育教育质量较差；民办中职学校办学条件达标率低，学生、家长和社会认可度较低；民办高校在科研立项、学生竞赛等方面的硬指标上与公办学校差距明显。

讲到教育质量，就不得不提特殊教育。目前来看，特殊教育是湖南教育高质量发展中的最大短板和高质量教育体系建设中的最弱一环。通过实地调研湘潭县、湘阴县等多个县域特殊教育发展情况，并在全省进行 3.17 万人的网络问卷调查，研究发现湖南特殊教育还存在不少的发展困难和问题。一是孤独症儿童数量攀升。2018—2022 年，仅湖南省儿童医院儿保所接诊的孤独症儿童人数就超过 1 万人，平均每年接诊 2000 人以上；2023 年上半年，就诊人数已接近 1000。二是随班就读与"送教上门"存在一定倒挂现象。根据要求，适龄残疾儿童优先采取普通学校随班就读接受义务教育，但湖南残疾儿童采取"送教上门"方式的约占该群体总人数的 14％。越偏远地区"送教上门"的比例越高，"因残返贫""因残致贫"的风险居高难下。三是县域特殊教育"断头路"问题普遍存在。残疾儿童就读高中阶段教育和职业教育的通道尚未完全打通，残疾儿童义务教育阶段后的继续学习人数出现断崖式下滑。网络调查发现，残疾儿童接受义务教育后仅有 31.31％得到了继续学习或就业，高达 47.33％赋闲在家，21.36％进入托养机构。四是特殊教育师资结构性短缺明显。湖南县域特殊教育学校师生比平均为 1：4.8，最高达到了 1：12.5，远低于师资配备标准。特殊教育教研员队伍普遍不足，全省 14 个市（州）均没有配备专职教研员。特殊教育教师稳定性不足，网络调查发现有近一半特殊教育教师表示不愿再选择特殊教育教师职业，且随班就读融合教育师资、资源教师相对匮乏。五是特殊教育发展底座不够巩固。调研发现，56.94％的人认为建设孤独症儿童特殊教育学校很有必要，62.45％认为建设残疾人中等职业学校很有必要。资源教室建设相对缺乏，特殊教育信息化水平长期偏低，残疾儿童少年信息存在多部门、多条线收集，尚未实现共建共享。

二、教育优先发展投入保障有待进一步加强

湖南是教育大省，但同时也是财政穷省。教育投入呈现出全国总量靠前、生均靠后的整体局面。根据教育经费统计报表，2021 年湖南一般公共预算教育经费 1424.78 亿元，在全国排第 8 位，中部第 2 位，增长率在全国排第 9 位，中部第 2 位。从数据上看，虽然湖南一般公共预算教育经费总量排位靠前，且保持了较快增长，但由于省教育规模体量大，学生人数增长较快，生均教育一般公共预算教育经费一直靠后。2021 年，湖南幼儿园、普通小学、普通初中、普通高

中、中职学校和普通高校的生均一般公共预算教育经费分别为 5237.27 元、10257.51 元、15170.24 元、16024.68 元、14836.41 元、14859.07 元，分别排全国第 29 位、第 28 位、第 25 位、第 19 位、第 22 位、第 30 位，排中部六省第 5 位、第 5 位、第 4 位、第 4 位、第 4 位、第 5 位，与全国平均水平相比，分别低 4268.57 元、2123.22 元、2601.82 元、2784.03 元、2258.85 元、7727.35 元（表 1-1）。湖南公办大中专学校收费政策亟待调整优化，如湖南省现行公办本科学费标准主要制定于 2013 年，公办高职高专和中职学校学费标准主要制定于 2005 年，住宿费标准制定于 2000 年，多年未进行调整。此外，随着近年来推进"民转公"、学前教育普及普惠、课后服务"双减"工作的深入推进，造成财政保障压力十分沉重，且随着经济社会发展，物价和供货成本逐年提升，现行生均公用经费、免费教科书标准、校舍维修标准已无法满足需求。学生资助是一项重要的保民生、暖民心工程，事关教育公平、社会公平，但湖南的学生资助存在区域性不均衡现象，一方面是长沙、株洲、湘潭等经济较发达地区因家庭经济困难学生数量呈断崖式下降，项目资金结余体量较大；另一方面是湘西自治州、怀化、张家界、邵阳等经济欠发达地区因原建档立卡等四类人员超过核定的资助比例，地方财政压力大。同时，我们还要看到，教育乱收费问题已经成为加重家长负担、破坏教育公平、损害教育形象、严重干扰正常教育教学秩序的"毒瘤"。特别是近两年教育乱收费问题投诉举报回弹返潮迹象明显，中小学违规补课乱收费、大中专院校校企合作和高等学历继续教育乱收费、民办学校乱收费等问题多发易发，教育乱收费形式更加隐蔽多样，投诉举报呈现出集中向上反映的态势，教育收费已经成为全省信访大户，加强教育乱收费问题治理迫在眉睫。

表 1-1　2021 年中部六省一般公共预算教育经费及生均情况对比表

项目			湖南省	山西省	安徽省	江西省	河南省	湖北省	全国
一般公共预算教育经费及占比	一般公共预算教育经费	总额/亿元	1424.78	775.74	1315.42	1250.83	1743.09	1224.98	37463.36
		总额全国排名	8	21	9	10	5	11	
		总额中部六省排名	2	6	3	4	1	5	
		增长率/%	6.54	7.94	4.96	5.66	2.69	3.52	5.17
		增长率全国排名	9	3	15	12	26	22	
		增长率中部六省排名	2	1	4	3	6	5	
	占一般公共预算支出比例	占比/%	17.11	15.37	17.33	18.45	17.82	15.44	15.25
		全国排名	14	21	11	6	9	20	
		中部六省排名	4	6	3	1	2	5	
生均一般公共预算教育经费	幼儿园	金额/元	5237.27	5738.26	7861.34	9809.61	3901.09	7925.75	9505.84
		金额全国排名	29	27	23	13	31	22	
		金额中部六省排名	5	4	3	1	6	2	
		增长率/%	4.39	13.59	4.86	0.46	5.72	13.07	4.68
		增长率全国排名	19	3	14	27	11	5	
		增长率中部六省排名	5	1	4	6	3	2	
	普通小学	金额/元	10257.51	11412.11	11163.65	11172.66	7099.14	11493.64	12380.73
		金额全国排名	28	22	25	24	31	20	
		金额中部六省排名	5	2	4	3	6	1	
		增长率/%	6.09	2.01	−2.11	4.63	1.49	1.32	2.22
		增长率全国排名	2	12	31	4	15	17	
		增长率中部六省排名	1	3	6	2	4	5	
	普通初中	金额/元	15170.24	16624.41	17427.44	14538.64	10436.79	18292.71	17772.06
		金额全国排名	25	20	18	27	31	14	
		金额中部六省排名	4	3	2	5	6	1	
		增长率/%	4.9	1.67	0.32	5.29	−1.85	−0.79	1.74
		增长率全国排名	2	17	25	1	30	29	
		增长率中部六省排名	2	3	4	1	6	5	
	普通高中	金额/元	16024.68	17380.55	16133.87	15319.28	11199.44	19086.61	18808.71
		金额全国排名	19	16	18	25	31	12	
		金额中部六省排名	4	2	3	5	6	1	
		增长率/%	4.52	3.48	6.15	5.80	−2.79	0.74	2.95
		增长率全国排名	7	11	5	6	27	18	
		增长率中部六省排名	3	4	1	2	6	5	

续表

项目			湖南省	山西省	安徽省	江西省	河南省	湖北省	全国
生均一般公共预算教育经费	中等职业学校	金额/元	14836.41	16989.29	14888.45	14599.46	9086.79	15802.69	17095.26
		金额全国排名	22	16	21	24	30	19	
		金额中部六省排名	4	1	3	5	6	2	
		增长率/%	8.09	−6.96	−4.94	−2.17	0.43	−1.01	0.58
		增长率全国排名	4	29	28	22	14	21	
		增长率中部六省排名	1	6	5	4	2	3	
	普通高等学校	金额/元	14859.07	21307.02	16717.53	18726.54	14804.09	18248.39	22586.42
		金额全国排名	30	14	24	17	31	20	
		金额中部六省排名	5	1	4	2	6	3	
		增长率/%	−6.06	21.72	11.27	−0.33	1.81	0.17	1.65
		增长率全国排名	29	2	4	22	14	20	
		增长率中部六省排名	6	1	2	5	3	4	

三、教师队伍建设存在差距

伴随着新时代教育高质量发展的提质升级，教师队伍建设相对滞后的矛盾逐渐显现。基础教育领域，基层学校缺编、音体美等"小学科"结构性缺员现象普遍存在，短期聘用教师和临时聘用代课教师在一定程度上依然较为普遍，"县管校聘"改革和校长教师"交流轮岗"等政策仍然未得到彻底执行。高中阶段学校教师质量难以满足特色发展需要，特别是县域高中优秀教师流失问题突出，加快培养补充与稳定骨干队伍的任务十分艰巨。在高等教育领域，高层次人才引不进、用不好、留不住等问题依然比较突出，高水平创新团队、高层次领军人才和后备优秀人才储备相对不足，总体跟不上高校自身发展需求和服务"三高四新"美好蓝图的要求。近年来，受绩效工资总量偏低的影响，优秀教师流失比较严重。在职业教育领域，高层次人才占比不高，"双师型"教师总量及占比总体不大，交通运输、装备制造、电子与信息等专业大类专业课教师严重不足，"支持企业技术骨干到学校从教"等政策落实成效不明显，唯学历、唯职称的现象依然存在。此外，受人口变化影响，学前教育教师需求开始下降，根据测算，义务教育预计从 2024 年开始出现富余，届时教师转岗与正常补充的矛盾将日益尖锐。师德师风建设任重道远，随着社会经济的发展，学校面临着市场经济大潮的冲击和影响，仍有少数教师受到拜金主义、享乐主义、极端个人主义的影响，所谓的"师德滑坡"现象的发生，让师德师风建设成了一大社会热点。

乡村教师队伍建设一直以来都是全社会关注的焦点，也是教师队伍建设中的痛点和难点。进入新时代，随着社会矛盾的转化，城乡教育之间发展的不平衡以及乡村教育自身发展的不充分成为当前制约乡村教育发展的主要瓶颈，人民群众开始追求更高质量的乡村教育，对乡村教师素质的要求越来越高，迫切需要打造一支宏大的高素质专业化乡村教师队伍。湖南乡村教师队伍建设还存在三个方面的突出问题。一是乡村教师队伍存在不稳定性。随着城镇化进程加快，人口、资源都在向城镇聚集，造成适龄儿童大量向城镇学校聚集，乡村教育日渐萎缩，加之乡村教师待遇权益保障不到位，"人往高处走"的大众心理，大量乡村教师"逃离"乡村。这种"逃离"主要是从薄弱地区流向经济发达地区，从偏远乡村流向城镇和沿海发达地区，还包括向系统外流动，流向政府机构或其他职能部门，从而造成了湖南乡村教师队伍"进不来、留不住、教不好"的基本现状。二是乡村教师队伍建设存在盲从性。现代化在不同的区域内有着不同的发展阶段和发展水平，城镇教育现代化往往是主导性的，进入城乡一体化发展阶段之后，乡村教育发展进入了以城带乡、城乡互动、弱势补偿的新阶段，这种背景下，乡村教育往往是按照城市教育的样态来设计和发展，这种从属关系使得乡村教师现代化建设具有了盲从性。乡村教师教育理念、模式将会产生依附性，出现城市化取向，从而导致乡村教师缺少对乡村文明的认同和接纳，缺乏立足乡村教育实际的引领力。三是乡村教师队伍发展存在制约性。与城市教育不同，乡村教育过程中，乡村社会、家庭既是在场的，同时也是缺场的，教师和家长、社会没有形成双向互动的合作关系，教育事务最终转移到乡村教师身上。部分关于乡村教师的政策具有短期性、片面性，这些政策大多是以"项目""计划""工程"的形式进行，促进农村教师队伍建设的长效机制还没有形成。地方政府和教育部门在执行过程中往往是照抄照搬，基层教育部门和乡村一线教师的诉求往往容易被"遗忘"，这些政策在实际执行过程中难免会遭到基层教育部门和一线教师显性或隐性的抵制情绪。而且，随着城镇化进程的推进，未来乡村教育的规模将会有所缩小，城乡教师资源可能会出现结构性失衡，乡村教师的数量也会相应有所下降。

四、教育发展不平衡不充分的问题依然突出

随着教育的主要矛盾发生转变，教育的服务方式已经不能适应需求的变化，不平衡不充分的问题日渐凸显，集中体现在区域间、城乡间、校际间、学段间教育发展不平衡。义务教育区域发展水平差异明显，西部基本办学条件绝大多数指标均落后于湘中北，与长株潭更是相差甚远。义务教育"城镇挤、乡村弱"的问题依然存在，一方面，城镇学校学位需求增长较快，供给矛盾仍比较突出，巩固化解大班额成果的任务仍很繁重；另一方面，农村学校尤其是农村寄宿制学校仍存在短板和薄弱环节，学生宿舍、食堂、厕所、浴室、生活饮水、教师周转房、运动场地标准仍较低、不配套，与进一步推进义务教育优质均衡发展和城乡一体化不相适应。城乡办学条件严重失衡，除生均校舍建筑面积外，图书馆等办学条件均低于城市，尤其是农村小学、初中的危房率高出城市小学、初中的 2~4 倍。优质教育资源供需矛盾依然突出，"入公办园难，入民办园贵""择校热"等现象仍一定程度存在，特殊教育、专门教育保障体系还不健全。乡村学校音体美劳、心理健康等功能室以及安全防护等配套设施不完善，教学仪器、实验室设备、音体美劳器材总量不足，尤其是音体美劳器材配备存在短板，部分学校生活设施设备欠缺。县域普通高中学校建设仍存在较大困难，校舍面积缺口较大，体育美育场地器材总体不足、地区不均衡，农村薄弱普通高中学校尤为不足。从受教育人口的整体情况来看，由于历史的原因和社会经济发展的不平衡性，各区域人口受教育程度发展呈现差距，整体呈现出长株潭高，湘南、大湘西、洞庭湖区较低的格局，湘西土家族苗族自治州每万人大学生数约是长沙市的 1/3。从校际和学段差距来看，一方面是农村中小

学大量闲置，另一方面是城镇大班额问题十分突出；一方面是部分中职学校和农村高中招生困难，另一方面是优质高中挤破门槛，家长和社会择校焦虑十分严重；普通高中教育普及攻坚任务依然艰巨，办学条件各项指标都低于全国平均水平，大班额问题依然突出，总体上高中办学质量城区强、县域弱的格局没有打破，尤其是县域普通高中优质公办资源不足。从学校设置看，湖南目前共有省属普通本科院校 36 所（不含 14 所独立学院），全国排名第 13；现有研究生培养单位 25 个（含国防科技大学），全国排名第 17，其中研究生培养高校20 所，占全省普通本科高校的 37.74％，低于全国平均水平 10 个百分点。而且在培养规模上，湖南本科及以上在校生占高校在校生总数的比例为 54.7％，低于全国平均水平 3.74 个百分点，排全国第 22 位；研究生占本科及以上在校生的比例仅为 11.89％（其中博士研究生占比仅 1.86％），低于全国平均水平2.99 个百分点，排全国第 19 位，这与湖南经济社会发展对高层次专门人才的需求不相适应。高等学校办学条件较为紧张，125 所高校中仅有少数高校办学条件达到教育部颁布的合格标准，特别是优质高等教育资源供需矛盾比较突出。另外，职业院校生均占地面积、建筑面积、生师比等办学条件核心指标距国家达标要求和全国平均水平还有一定差距。

五、教育改革仍然需要向纵深推进

高质量发展是教育改革发展进入深水区面临的根本任务。制约教育高质量发展的往往是一些难点与瓶颈问题，如立德树人系统化落实机制不够健全、优质学前教育供需矛盾依然突出、义务教育优质均衡发展及普通高中教育普及攻坚依然艰巨、中高职教育衔接和高职专科与本科衔接的培养体系和机制尚不健全、高等教育大而不强、终身教育学习体系尚存短板、教师队伍结构不尽合理等，需持续深化教育改革加以克服或解决。教育改革合力有待进一步集聚，改革的碎片化、孤岛化倾向还不同程度存在，同时改革政策触及部门权力和利益的调整，导致一些改革措施难以落实，协调推进有难度。重点领域改革还需要进一步深化，比如，在"双减"政策落实方面。学科类培训的"市场需求"依然存在，加之涉及多部门的联合执法机制仍不畅通，无证机构和个人、非学科类培训机构和托管机构等违规开展学科类培训问题依然比较突出。尤其是部分家长内心的教育焦虑依旧比较严重，抱着不输在起跑线的心态，对补课或者校外培训的心理依赖依然非常突出，不想减、不愿减的心理较为普遍。又比如，在教育评价方面。唯分数、唯升学、唯文凭、唯论文、唯帽子的思想依然根深蒂固，以应试教育为特征的思想观念在政府、学校、教师中还占据着很重要的位置，将升学率作为衡量教育成就的政绩观仍普遍存在。科学的教育发展观、人才成长观、选人用人观依然没有完全确立，政府、学校、社会等多元参与的评价体系也还没有完全构建，教育评价机制、用人选人机制改革有待深入推进。还比如，高考改革方面。在高考"重选拔轻教育"的情况下，学校教育出现了高考形式日常化、高考竞争指标化与高考内容绝对化的不良倾向。[①] 新高考增加了学生的选择权，高中学生根据招生高校选考科目要求结合自身兴趣特长选学选考，但因高中学校特别是部分欠发达地区的高中学校生涯规划教育有所欠缺，不能有效帮助学生合理定位，引导学生选科选考及规划长远发展，高考综合改革的优势没有得到有效彰显，也不利于科学培养人才。

六、教育服务经济社会发展能力有待进一步增强

教育是民族振兴、社会进步的重要基石，需要始终与国家发展同向同行。目前来看，教育服务区域发展体制机制还不健全，服务"三高四新"美好蓝图的能力有待加强，比如全省综合类普通高校占比已经过半，但精准对接湖南"三高四新"战略的特色高校明显不多。湖南产业转型升级、区域经济结构调整和城镇化深入发展，对院校学科专业结构、科研创新数量质量、人才数量类型结构等提出全新要求，人才供给结构性矛盾仍然突出，重点行业、重要领域、战略性新兴产业人才培育急需加强。但是目前，湖南高等院校布局与区域主导产业布局的匹配度还不高，产教融合融入不深，"封闭办学"仍然突出，

---

① 范国睿. 教育政策观察［M］. 上海：华东师范大学出版社，2009：1-12.

社会主体深度参与人才培养程度依然不深。引领性的一流大学、一流学科较少，国际化水平较低。职业教育人才成长"立交桥"还不畅通。科技创新服务能力有待进一步提升，科技成果转移转化机制还不够顺畅，科技成果转化应用率仍然偏低，教师长期"重论文轻转化"，很多创新成果只停留在科学研究阶段。教育发展与乡村振兴战略对接不够紧密，教育的先导性、基础性、战略性作用没有完全发挥。大学生就业形势依然不容乐观，随着近些年高校毕业生数量急剧增加，部分高校专业设置、课程设计、教学改革等还跟不上经济转型升级的步伐，"人岗不相宜"，部分专业供需结构性矛盾愈加凸显，加之毕业生"稳就业""慢就业""优就业"的心态，使得当前高校毕业生就业压力与日俱增，抓好高校毕业生就业这一"重点民生保障"首要任务依然十分艰巨。

第二章 湖南高质量教育体系建设的
现实基础

　　湘江北去，奔流不息，蕴藏着湖南教育行稳致远的发展思路，见证了湖南教育高质量发展的强劲势头。湖南历来就有崇文重教、办学兴学的优良传统，自古人文荟萃、底蕴深厚。中国四大书院，湖南就有岳麓书院、石鼓书院。正是这种重视教育、重视人才培育的优良传统，造就了"惟楚有材，于斯为盛"的盛况。新中国成立以来，特别是改革开放以来，湖南省基础教育改革发展探索了许多好的经验，如20世纪90年代郴州的农村"三教统筹"经验，汨罗系统实施素质教育的经验等，都在全国产生了积极而广泛的影响。近十年来，在以习近平同志为核心的党中央坚强领导下，在习近平新时代中国特色社会主义思想特别是习近平总书记关于教育的重要论述精神的科学指引下，湖南省委省政府从全局和战略的高度，全面贯彻党的教育方针，全面落实立德树人根本任务，坚持优先发展教育，深化教育改革，提高教育质量，促进教育公平，持续提升教育服务能力，教育事业取得历史性成就，发生格局性变化。学前教育毛入园率实现从低于全国平均水平到高于全国平均水平的赶超，义务教育跨越全面普及和基本均衡两大关口，开始迈向优质均衡阶段，高中阶段教育步入普及协调发展的新阶段，纵向贯通、横向融通的现代职业教育体系初步形成，高等教育迈进普及化阶段，层次清晰、类别齐全、形式多样，与全省经济建设和社会发展需要相适应的教育体系基本形成。

第一节　坚持党建引领，党对教育事业的领导全面加强

回顾总结党领导教育工作的百年历程，特别是党的十八大以来，以习近平同志为核心的党中央基于时代大势，以前所未有的高度和力度，加强党对教育工作的全面领导，把教育摆在优先发展战略地位，加快推进教育现代化进程，在领导教育改革发展中形成了党领导教育工作的宝贵经验。在这一宝贵经验的指导下，湖南进一步强化了党对教育工作的全面领导，始终坚持党管方向、党管育人、党管大局、党管发展、党管改革，持续推动各级各类学校党的组织全面进步。

一、党对教育工作的领导全面加强

坚持社会主义办学方向，是由我国社会主义性质决定的，也是做好教育工作的根本前提。湖南教育系统始终坚持党对教育工作的领导，牢牢把握社会主义办学方向，深入开展学习习近平系列重要讲话精神的活动，读原著、学原文、悟原理，做到入脑入心、真懂真用。湖南省委对教育工作统一领导的体制机制得到有效完善，高规格组建省委教育工作领导小组，明确省委副书记兼任省委教育工委书记，14 个市（州）、122 个县（市、区）全部成立党委教育工作领导小组及其秘书组，加强了全省教育事业发展顶层设计、总体布局、统筹协调、整体推进，对教育重大改革发展事项，形成了省委全面深化改革领导小组会议、省社会体制改革专项小组会议、省教育体制改革领导小组会议等不同层级审议机制。湖南各级党委政府坚决扛起教育优先发展的政治责任，持之以恒对教育事业优先部署、教育经费优先保障、公共资源优先配置，涌现了尊师重教的"泸溪经验"。坚持把政治建设摆在首位，深入推进习近平新时代中国特色社会主义思想"进教材、进课堂、进学生头脑"，在全省职业院校推进习近平新时代中国特色社会主义思想读本及概论全面开课，确保"三进"入脑

入心；广大干部师生"四个意识"树得更牢，"四个自信"更加坚定，坚决拥护"两个确立"、坚定践行"两个维护"更加自觉。党风廉政建设主体责任和监督责任得到有效落实，违反中央"八项规定"精神突出问题、违规征订教辅材料、中小学食堂等专项整治成效显著，全省教育系统政治生态和行风明显好转。省委省政府历来高度重视高校思想政治工作，高位部署高位推进，形成比较完备的"三全育人"试点工作组织领导体系，构建了相对完善的制度体系，形成了一批重要的制度成果。各高校也已初步形成党委统一领导、党政齐抓共管、各部门各院（系）各负其责、全校师生共同参与的"大思政"工作格局。

二、大中小学党的建设全面覆盖

党要领导一切，全面覆盖是前提。高校党委领导下的校长负责制更加健全。党委领导下的校长负责制是中国共产党对普通高等学校领导的根本制度，是高等学校坚持社会主义办学方向的重要保证。湖南印发了《湖南省普通高等学校实行党委领导下的校长负责制实施办法》，制定了"普通高等学校党委会和校长办公会（校务会）议事规则示范文本"，厘清了党委会和校长办公会的议事范围边界。中小学党的建设全面深入。出台了《关于加强中小学校党的建设工作的实施意见》，标志着湖南中小学党的建设步入新轨道。在工作创新上出现了多点开花，积极探索市（州）抓中小学党建工作的新举措，全面开展市（州）中小学党建工作评议评比，将中小学党建工作纳入开学督导内容，指导中小学健全党建工作制度，督促各地通过调剂或聘任党员教师担任党建指导员。抓基层、打基础是党建工作的重点之一。湖南深入推进基层党组织规范化建设，充分发挥基层党组织的整体功能。基层党支部全部达到"五化"建设合格标准。民办高校党建工作质量不断提升，《湖南省向民办普通高校选派党委书记（督导专员）的实施办法（试行）》推动建立健全学校党委参与决策和监督机制，统一向民办高校选派党委书记（政府督导专员），确立了民办高校党委的政治核心作用。至此，湖南全省大中小学党建体系基本确立。

三、教育发展环境全面优化

教育不可能游离于其发展环境，正所谓"环境也是生产力"。教育要实现高质量发展，同样离不开环境的优化。进入新时代，教育的政策环境、投入环境、安全环境等外部环境都已渐入佳境。教育管理效能不断增强，现代学校制度建设取得积极进展，学校和教师的活力进一步释放，社会参与教育更加充分。环境优化集中体现在五个方面。一是统筹教育发展与疫情防控。2020 年是极不平凡、极具挑战的大考之年。面对艰巨繁重的教育改革发展任务，特别是新冠肺炎疫情的严重冲击，湖南教育系统沉着应对各种风险挑战，统筹推进疫情防控和教育改革发展，以战之必胜的决心和排除万难的担当，在全国率先开发教育系统新冠肺炎疫情信息上报系统，落实校园疫情防控措施，认真评估开学条件，推动各地各校有序开学复课。疫情加速了线上教育发展的步伐，湖南大力开展线上教学，成功实现"停课不停教，停课不停学"。最具影响力和代表性的是"我是接班人"网络大课堂，制作专题课《在战"疫"中成长》，累计观看人次超过 3 亿。联合相关部门出台《应对新冠肺炎疫情做好高校毕业生就业创业工作十条措施》，使得全省高校毕业生初次就业率达到 79.24%，超过教育部提出的 70% 的工作目标。2020—2021 年保持了校园"零感染"。二是筑牢意识形态防线。意识形态工作是党的一项至关重要的工作，阵地稳不稳，关乎"培养什么人、怎样培养人、为谁培养人"这个根本问题。教育处在意识形态斗争的前沿，也是最后的防线。湖南出台了加强和改进高校宣传思想工作的意见，制定高校党委意识形态工作责任制实施办法，召开全省高校思想政治工作会议，推动意识形态工作责任制落实，开展意识形态工作专项督查，通过强化思想政治教育，坚决守住课堂、论坛、讲坛等校园阵地，配齐配强思想政治理论课教师和辅导员队伍等，逐步形成了齐抓共管的意识形态工作格局。三是全面推进依法治教。加强教育系统法治建设，是推进教育治理体系和治理能力现代化的客观需要，也是深化教育综合改革的根本保障。进入新时代，湖南加快了省内教育法规和规章的"立、改、废、释"，积极推动开展《湖南省中小学校幼儿园规划建设条例》《湖南省学校安全条例》《湖南省实施〈校车安全管理条例〉办法》等立法工作。深入推进高校章程建设，形成了一校一章程格局。加强青少年普法宣传工作，把法治教育纳入国民教育体系，在中小学设立法治知识课程，将法治思维植入学生心底。四是创新开展教育督导。在全面依法治国的总要求下，教育督导已成为深入实施依法治教、加快推进教育治理体系和治理能力现代化的重要突破口。2017 年，湖南在全国率先实行县级政府职业教育工作督导评估，建立覆盖全省的督学责任区，创立线上与线下相结合的督学新模式，在全国率先实行县级政府职业教育工作督导评估，荣获第二届全国教育改革创新奖特别奖；率先在全省范围内建立了督学责任区制度，挂牌督导实现全覆盖和常态化；率先实施"网络评估"与"现场抽查"相结合的学校督导新模式；对 14 个市（州）全面开展省级义务教育质量监测，助推义务教育质量不断提质升级。五是全方位打牢安全基础。湖南严格落实安全稳定工作责任制，"党政同责、一岗双责、失职追责"工作机制，学校安全工作追责机制。一级抓一级，层层传导压力，推动各地各校把安全稳定工作落实落细。深入开展平安校园建设，大力推进中小学幼儿园安全防范建设三年行动，推动实施"平安校园建设工程"，深入推进"平安校园建设先进县市区""平安高校"和"省级安全文明校园"项目建设，2021 年全省中小学专职保安员配备率、中小学幼儿园封闭化管理完成率、城市和城镇中小学（幼儿园）护学岗设置完成率均为 100%；中小学幼儿园（含教学点）一键式报警安装且与公安机关联网达标率超过 97%，视频监控安装且与公安机关联网达标率超过 98%。同时，着力抓好校车安全、预防溺水、消防安全、危化品安全、考试安全、防范学生欺凌等重点工作。全省教育系统没有发生重大群体性事件、安全生产责任事故、政治安全事件，各类涉校涉生案（事）件持续大幅减少。

中小学校党组织领导的校长负责制的宜章探索

习近平总书记在全国教育大会上强调"加强党对教育工作的全面领导，是办好教育的根本保证"。2022年1月，中共中央办公厅印发《关于建立中小学校党组织领导的校长负责制的意见（试行）》，既为加强中小学校党组织建设指明了方向，也为保证党的教育方针和党中央决策部署在中小学校得到贯彻落实提供了坚强保障。宜章县于2019年秋季开始探索中小学校党组织领导的校长负责制，大力推动党组织建设体系化、运行机制高效化、党建工作融合化，有效破解了中小学校党组织领导下的校长负责制在具体实践中面临的思想认识困境、机制困境、胜任力困境等新情况新问题，探索出了以高质量中小学校党组织建设推动乡村教育高质量发展宜章模式。

坚持党的领导，党的组织实现全覆盖。

大力推行"一方隶属、垂直管理、全程作用"的管理体系，推动党组织向最基层学校、最优秀群体全覆盖，做到"哪里有党员，哪里就有党的组织"。一是把基层党组织统起来。宜章县委教育工作领导小组高度重视中小学校党建工作，于2019年大力推行中小学校党组织领导的校长负责制改革工作，建立"党委（党总支）—党支部—党小组"三级组织架构，将22个乡镇学校党组织全部划转为县教育系统党委管理，织密了覆盖57个基层党组织、1559名党员、11万余名师生的党建工作网络。二是让基层组织体系全起来。通过单独组建、联合组建、就近挂靠等方式，重点加强村级小学、教学点、民办教育机构党组织建设，建立党小组72个、联合支部4个，做到党组织覆盖无死角。大力推行中小学校党组织扁平化管理，把党小组建到年级组，党员作用发挥到班级，覆盖到每名学生，让每一名党员都能找到党组织，都能过上组织生活。三是使堡垒作用强起来。选优配强中小学校党组书记、校长，有序推动中小学校党政领导班子及各级党组织书记配备工作。积极探索入党积极分子"九步"管理法，坚持日常管理、培训测试和现实表现相结合，推动教师入党积极性与党员形象双提升。常态化实施"四百"计划，打造百堂党史课，培育百堂示范课，举行百场宣讲会，评选百个示范岗，以党风引师风、促教风、带作风。建立党建监督指导员制度，为所有民办义务教育学校安排兼职党建指导员，民办教育机构党的建设空心化、虚弱化现象得到了彻底改变。

坚持运行机制高效化，推动党的领导贯穿办学治校全方位。

建立严密的组织体系后，高效运行是关键。宜章县接续推进中小学校党组织领导的校长负责制行动计划，适应县域教育教学改革需要，优化运行机制，不断提升党组织的领导力、号召力、凝聚力、战斗力。一是厘清三种关系防错位。坚持党组织和行政各就其位，明确"党组织把方向、管大局、做决策、促改革、保落实，做好教学、科研和行政管理，共同促进学校发展"的管理权限。坚持党组织书记和校长各负其责，明确"党组织不等于党组书记，是党组织领导集体；校长不只是校长个人，是行政班子领导集体"的职责界限。坚持权力与责任各行其道，坚持"分清责任，权责一致，错责相当"，明确"党组织书记履行'党政同责、一岗双责'，系党风廉政建设、意识形态第一责任人；校长履行'行政职责'，是行政、业务工作的第一责任人"。二是完善组织架构防空位。探索实施学校党组织领导与行政领导"双向交叉任职"制度，将学校行政班子副职中的党员纳入党组织班子，党政一肩挑的乡镇学校下属的学部校长纳入党组织领导层，构建了集党组织集体领导和校长行政负责两个优势为一体、在党组织的集体领导下充分发挥校长专业优势、教职工参与民主管理和监督的分工明确、边界清晰的新型领导体制。三是突出"民主议事"防缺位。建立重大问题决策前的沟通酝酿机制、碰头会制度，坚持学校党组织书记和校长定期沟通，学校领导班子成员之间经常沟通。健全师生员工参与民主管理和监督的工作机制，不断优化重大事项决策程序和规则，凡是学校重大事项，必先由学校党政充分酝酿；凡是学校规章制度的出台，必先广泛听取党员、教职工的意见建议，真正把以前"校长说了算"的个人决策转变成"党组织说了算"的集体决策。

坚持党建工作融合化，推动党的建设融入立德树人全过程。

目前，基层党组织已经成为宜章县中小学校教书育人的坚强战斗堡垒。这一切不仅带来了宜章县学校基层党组织建设日益完善的新格局，也带来了乡村教育高质量发展的新动力，让教育事业发展的后劲更足。一是打通立德树人最后一公里。宜章县先后出台了加强中小学幼儿园课程思政建设、加强学生思政教育强化德育工作等文件，成立 28 个学科思政工作室，全方位探究指导中小学校思政教育工作。精心打造"行走的红色课堂"，实施红色文化进校园、进课堂、进头脑"三进"工程，广泛开展参观红色基地、讲述红色故事、书写红色家书等活动，不少乡村学校建立了红色广播站、开办"雷锋班"等特色活动，引导广大中小学生感党恩、听党话、跟党走。二是打通乡村教师队伍建设最后一公里。深入推进"双培养"工程，着力把"骨干教师培养成党员""党员教师培养成优秀教师"。坚持把师德师风建设纳入各学校党组织落实全面从严治党主体责任的重要内容，纳入责任区督学随访督导和教学常规检查的重要内容。坚持党员教师上公开课、党员名师上示范课、学科带头人上帮扶课，在教学、管理、后勤等岗位推进党员亮身份全覆盖。坚持举行教师表彰活动，开展"为教师亮灯"行动，倡导"教师座""尊师窗口"等尊师行为，使得尊师重教的社会氛围日益浓厚。涌现出了"中国好人"张玉春等一大批优秀教师。2021 年全县师德师风投诉率较往年同期下降 83.3%。三是打通义务教育优质均衡发展最后一公里。充分发挥党组织在乡村教育优质均衡发展中的"穿针引线"作用，不断提升乡村教育高质量发展水平。探索建立"1＋M＋N"的城乡中小学校党建共同体，推动 1 所牵头学校、M 所责任学校和 N 所受助学校组建城乡学校结对帮扶共同体，推动城乡学校党建工作"连体联姻"。创造性提出思想同步、管理同步、资源同步、考核同步的"四同工作法"，坚持学部带村小、村小带教学点，党员与村小校长结对、学部教师与村小教师结对、村小教师与教学点教师结对，着力办好老百姓家门口每一所乡村学校、每一个教学点，不少村级小学出现了城区学生和教师"回流潮"。宜章县整体教育教学质量大幅提升，2021 年，县一中最低录取线首次领先全市，高考本科上线率较上一年提高 53%，真正实现了立德树人从"育分为重"向"育人为先"转变，全面从严治党从"治标"向"治本"转变，党建与业务从"两张皮"向"双提升"转变的华丽转身。

第二节　坚持立德树人，教育质量稳步提高

党的十八大报告提出"把立德树人作为教育的根本任务"，明确回答了"培养什么人"这一社会主义教育事业的根本问题。把立德树人作为教育的根本任务，是对素质教育的深化与发展，是对教育本质的进一步回归。"五育"并举、"全面发展体系"这些要求明确将德智体美劳看作一个整体，辩证地揭示了德智体美劳之间的内在联系和相互融合、相互促进的发展规律。[①] 针对校园里"小胖墩""小眼镜""脆皮人"等越来越多，学生心理健康问题易发多发的现状，湖南紧紧围绕当代中国"铸什么魂""育什么人""如何铸魂育人"的时代命题，着眼学生全面发展，实施素质教育，丰富育人载体，创新育人方式，构建长效机制，大力培养担当民族复兴大任的时代新人。

一、德育为先的理念不断深化

育人为本，德育为先。长期以来，湖南坚持德育为先、能力为重、全面发展，完善育人机制，创新人才培养模式，在促进学生智力发展的同时，更加注重塑造学生的健全人格和高尚品格，更加注重培养学生的实践能力、适应社会发展能力、终身发展能力。大力弘扬社会主义核心价值观，把立德树人融入到思想道德教育、文化知识教育、社会实践教育各个环节，贯穿基础教育、职业教育、高等教育各个领域，延伸到所有学科、校园文化、网络空间各个角落。统筹开展校内外活动，充分运用湖南丰富的红色资源，组织开展"开学第一课""少年传承中华传统美德"等教育活动和"航天日"、中职"文明风采"大赛等活动，引导学生"扣好人生第一粒扣子"。补足理想信念之"钙"、加强思想政治教育是新时代教育的重要使命，为此，湖南大力实施中小学德育整体建

[①] 范国睿. 中国教育政策蓝皮书（2019）[M]. 上海：上海教育出版社，2020：28-39.

设工程，持续实施大学生思想道德素质提升工程，2018 年启动实施"易班"推广行动计划，成功获批教育部第二批"三全育人"试点省。特别是 2020 年9 月，习近平总书记考察湖南期间，分别走进小学和大学的两节"思政课"，体现了习近平总书记对思政课的特别关注。湖南教育系统积极行动，着力构建大中小幼一体化德育体系，充分利用湖南丰富的历史文化资源和红色文化，深化爱国主义教育，传播红色基因，推广习近平总书记点赞的"移动"思政课。与此同时，全面高质量推动"三全育人"综合改革，创新实施高校思想政治质量提升工程和新时代思政课改革创新工程，配齐建强高校思政课专职教师、专职辅导员和心理健康教育教师"三支队伍"，精心组织课程思政教师教学比赛。从 2021 年开始，课程思政教学比赛由往年的外语类扩展为文科类、理工（医学）类、外语类三大类，以赛促教，不断推进课程思政与各类学科融合，为促进课程思政建设落地奠定了坚实基础。永州未成年人思想道德建设、桃源一中育人实践、"向日葵工程"等经验被上级有关部门推介，"青春向祖国告白""礼敬中华优秀传统文化"在全国产生重大反响，"我是接班人"网络大课堂被中央宣传部和教育部评为优秀案例，影响开始辐射全国，总学习人次突破 10亿，春季开学第一课还连线航天员在太空授课。涌现出"中国好人"、全国优秀大学生邹勇松，"全国助人为乐道德模范"夏昭炎，"全国优秀教师"沧南，全省优秀教师胡进文等一批先进典型。

益阳市：开展"六项行动"，培养学生德育素养。坚持"育人为本、德育为先"理念，以培养学生良好思想品德和健全人格为根本，以促进学生形成良好行为习惯为重点，从课程、文化、活动、实践、管理、协同六个维度，构建学校、家庭、社会"三结合"教育网络，全面整合德育教育资源，形成德育工作合力。从 2022 年开始，全市中小学全面开展"六个一"德育行动。一天一唱：每天组织学生齐唱经典歌曲。一天一看：每天组织学生收看新闻联播。一周一讲：每周进行一次国旗下讲话。一周一诵：每周朗诵一篇经典诗文。一周一分享：每周分享一篇红色故事。一月一实践：一个月进行一次社会实践活动。"六个一"德育行动覆盖全市近800所中小学、45万名中小学生，部分学校还利用"六个一"德育行动结合自身特点创建了具有本校特色的德育品牌。"六个一"德育行动激发了学生学习内驱力，大大提高了学生主动规范自身行为习惯的自觉性，重塑了班风、校风、学风，探索出了"立德树人"德育工作新途径，有效促进了教育教学质量的提高，得到了学生、家长、社会的一致好评。①

二、心理健康教育保障体系逐步完善

近年来，学生心理健康成为社会高度关注的热点难点问题，湖南坚持育心与育德相统一，进行了系列的体制创新和大量的实践探索。2020年，湖南印发了《关于加强新时代学生心理健康教育的意见》，首次以中共湖南省委办公厅、湖南省人民政府办公厅名义印发关于学生心理健康教育方面的文件，体现了省委省政府的高度重视。该意见对领导体制、资源配置、队伍配备、课程建设等方面作了明确规定。制订了湖南省中小学心理健康教育课程实施方案，高校面向新生开设心理健康教育公共必修课；同级财政按年生均10元的基准定额单列经费，支持中小学开展心理健康教育，所需资金由省市县级财政分担；在校学生1000人左右的中小学校和所有乡镇中心学校全面建成标准化心理辅导室，这些"干货"为推动学校心理健康教育工作夯实了基础。紧接着，湖南省教育厅组织召开了全省中小学心理健康教育工作现场推进会议，出台了《关于加强医教协同促进学生心理健康教育工作的实施意见》，发挥各级教育、卫生健康行政部门、各级各类学校、医疗机构和家庭联动优势，加强和改进全省学生心理健康教育工作，通过广泛组织开展中小学"心理健康月"活动，开展

① 湖南省教育厅. 湖南各地着力提升义务教育质量（一）[EB/OL]. (2023-04-03)[2023-04-07]. http：//jyt. hunan. gov. cn/jyt/sjyt/xxgk/jykx/jykx_1/202304/t20230407_1096463. html.

中小学心理健康教师专业能力竞赛，强化心理健康教师示范培训和网络培训，搭建全省心理健康教育管理平台，开展青少年心理健康状况动态监测试点等措施，让学生心理健康教育政策有支撑、资金有支持、课程有要求、队伍有保障，湖南学生心理健康教育步入了快速发展的新轨道。

三、劳动教育得到全面加强

伴随着社会的发展、科技的进步，体力劳动与脑力劳动界限逐步消失，劳动教育的重要性日益彰显。习近平总书记在全国教育大会上，首次把劳动教育纳入社会主义建设者和接班人的要求之中，提出"德智体美劳全面发展"的总体要求，这是对党的教育方针的丰富发展。为贯彻落实好《中共中央 国务院关于全面加强新时代大中小学劳动教育的意见》，2021年，湖南省委省政府专门印发《关于全面加强新时代大中小学劳动教育的实施意见》，出台了包括中小学在内的各学段劳动教育一系列政策举措，明确了相关部门职责，初步构建了党委政府统筹、上下一体推进、学校家庭共育、社会各方支持的工作体系。明确要求大中小学都要开设劳动教育必修课，其中，中小学校劳动教育必修课每周不少于1课时。职业院校要将劳动教育全面融入公共基础课程，以实习实训课为主要载体开展劳动教育，围绕劳动精神、劳模精神、工匠精神专题教育开设必修课，不少于16学时。普通高等学校可专门开设劳动专题教育必修课，也可明确主要依托的课程，在已有课程中专设劳动教育模块，本科阶段不少于32学时。这些举措对培养学生的劳动意识、劳动精神、劳动习惯和锻炼学生的劳动意志、劳动技能等都具有重要作用。高规格召开全省中小学劳动教育现场推进会，在省级层面遴选建设了一批中小学劳动教育实验区、实验校和实践基地，长沙市、湘潭市雨湖区、益阳市赫山区成功入选全国中小学劳动教育实验区。2022年，湖南省将"劳动"作为必修课程在《湖南省义务教育课程实施办法（2022年版）》中予以单列，按照每周不少于1课时的要求列入学校课表。同时，组织编写了1~9年级劳动实践指导手册，将劳动教育纳入地方教材《综合实践活动资源包》等，推动形成"一校一品""一校多特色"的劳动教育课程体系。各地各校围绕烹饪、耕种、收纳、手工、园艺、智能制造等开发了一大批特色资源，从而有效促进了学生心理品质、校风学风甚至整个教育生态的积极变化。

四、体教融合取得新实效

体育作为学校教育的重要内容，事关学生的身心健康成长，是学生全面发展的根基。体育教育充分体现并承载着"育人"这一教育的根本属性。湖南历来高度重视体育教育，在推动体教融合方面采取了系列重要举措。大力推行学生体育素质测评制度，将全省 122 个县（市、区）纳入义务教育质量监测范围，对学生体质健康状况、健康生活方式情况和体育教学情况进行全面监测分析；将学生体育课成绩、体质健康状况和参与体育活动的表现作为学生的综合素质评价内容，把体质健康和运动技能作为学生综合素质评价的重要指标；将学校体育工作纳入各级政府绩效考核指标以及履行教育职责评价指标，督促指导各级各类学校按照国家课程标准开齐开足上好体育与健康课（1～2 年级每周 4 课时，3～9 年级每周 3 课时），保障学生每天在校至少体育锻炼 1 小时；全面推进体育进中考，全省所有市州将体育作为计分科目纳入中考，所占分值大部分在 50 分以上。2022 年，湖南学生体质健康优良率相比 2019 年提高 6.2 个百分点，学生近视率相比 2019 年下降 2.7 个百分点。与此同时，持续推进体育教育教学改革。陆续出台了《关于进一步加强我省各级各类学校体育、艺术、健康和国防教育课程建设的意见》《湖南省义务教育课程实施办法（2022 年版）》等相关制度，对体育教育教学提出了明确要求，包括完善学校体育"健康知识＋基本运动技能＋专项运动技能"教学模式，定期组织对各级政府实施义务教育课程保障情况、各级各类学校体育课程开设情况进行督查等。积极完善青少年体育赛事体系。从 2015 年起，省教育厅、省体育局每两年联合举办一届全省中学生运动会。从 2020 年开始，湖南省青少年体育锦标赛以及全省大中学生比赛全部采取体育、教育部门两家联合下文、共同办赛模式，开启教体全面合作共同举办湖南省青少年体育比赛的新格局。近年来，湖南省在全国学生体育竞赛中屡获佳绩，参加全国第十四届学生运动会所获团体总分和奖牌总数均名列中西部省份之首，校园足球竞赛成绩 2015 年以来持续位列全国第一方阵。石门县发展校园足球以球育人经验得到中央改革办在全国范围推荐。体育人才输送渠道得到有效畅通，全省大部分市（州）建立了体育特长学生选拔培养机制，竞技体育后备人才培养机构可以在本市（州）范围内按照规定选拔竞技体育后备人才。据统计，湖南省参加 2020 年东京奥运会运动员中，有 6 名来自省内 5 所高校，占参赛运动员总数超过三分之一；参加第十四届全运会的运动员中有 160 名为大中学生，占参赛运动员总数 46.4%。体育教育在体育人才培养方面的支撑作用得到了进一步凸显。

五、学校美育体系不断健全

美是纯洁道德、丰富精神的重要源泉，对塑造美好心灵具有重要作用。学校美育具有"提高学生审美和人文素养"的重大价值。湖南坚持以美育人、以美化人、以美培元，具有湖南特色的学校美育体系初步形成。在基础能力建设方面，坚持与义务教育"全面改薄"与能力提升、学校标准化建设、职业教育楚怡行动等项目紧密结合，不断加大投入。从 2016 年起，全面推动各地将艺术教育科目纳入初中学业考试。深入推进农村学校艺术教育实验县创建，支持建设一批中华优秀文化艺术传承学校。2021 年，全省小学、初中、高中音乐器材配备学校达标率分别为 96.6%、97.6%、97.8%，比 2012 年分别提高 64.9、41.6、13.9 个百分点；小学、初中、高中美术器材配备学校达标率分别为 96.6%、97.7%、98.3%，比 2012 年分别提高 63、38.4、12.2 个百分点。[①] 在课程教材建设方面，开齐开足上好美育课程，义务教育阶段音乐、美术课程占比 10.98%，并要求 3~9 年级每周安排 1 课时毛笔字学习；普通高中的学生需修满 6 个学分的艺术课程；中职学校艺术课必修和选修部分均为 2 个学分；高等教育阶段的学生修满 2 个公共艺术课程学分方能毕业。高校艺术

---

① 湖南省教育厅. 湖南全面加强和改进新时代学校美育工作［EB/OL］. (2022-09-08)［2022-09-13］. http://jyt. hunan. gov. cn/jyt/sjyt/xxgk/jykx/jykx _ 1/202209/t20220913 _ 1077662. html.

类一流专业建设进一步加快。在全省 46 所普通本科院校开设美学类、设计学类、戏剧与影视学类、音乐与舞蹈学类等专业点 289 个，31 个艺术类专业入选国家级一流专业建设点、8 门艺术类课程入选国家级一流课程。[①] 在丰富美育实践活动方面，率先在全国举办学生"三独"比赛（独唱、独奏、独舞）并坚持 20 余年，让一大批有艺术专长的学子脱颖而出。充分利用湖湘文化资源开展美育教育活动，"戏曲进校园"，非遗传承活动有声有色。持续推进学生艺术素质评价，全面实施中小学生艺术素质测评，广泛开展校园艺术活动，成功探索将艺术科目纳入中考。益阳、衡阳等地以试卷形式，将音乐和美术以 30～50 分不等，计入学生中考总成绩。长沙将艺术中考成绩以 A、B、C、D 四个等级纳入初中毕业生综合素质评价，作为高中招生依据之一。这些都是湖南学校美育体系完善的重要实践行动。

第三节　坚持推动公平，教育普及水平实现跃升

公平是社会主义教育的本质要求。教育公平是社会公平的基础和人生公平的起点。如果说教育能为学生打开一扇大门，那么教育公平一定是这扇大门的金钥匙。一直以来湖南都有着教育公平的传统，始终把人民群众是否满意作为衡量教育成败不变的标准。新时代，湖南不断优化教育结构，普及普惠学前教育，均衡发展义务教育，多样发展高中阶段教育，全面普及高等教育，完善现代职业教育体系，湖南教育普及水平实现了跨越式提高，使得教育公平的开口越来越大，道路也越来越广，衡量人才的标准从一把尺子变成了多把尺子，"千军万马过独木桥"正在向"条条大路通罗马"良性转变。教育普及水平的大幅跃升，让湖南教育公平迈上了新台阶，呈现了新面貌。

---

① 湖南省教育厅. 湖南全面加强和改进新时代学校美育工作［EB/OL］. (2022-09-08)［2022-09-13］. http：//jyt. hunan. gov. cn/jyt/sjyt/xxgk/jykx/jykx_1/202209/t20220913_1077662. html.

一、教育结构进一步优化

合理的教育结构对经济和社会发展、经济结构的合理化有重要作用，也是提高教育经济效益的重要途径，更是推动教育公平的重要保障。湖南根据辖区内人口分布、生源现状及发展趋势，稳步推进高中阶段教育布局调整，有序撤并条件差、规模小、质量低的高中阶段学校，防止资源配置失衡和招生恶性竞争。这一时期，教育综合实力不断增强，教育发展总体水平已经跻身全国前列，建立了基本适应湖南经济社会发展需求的国民教育体系，教育"总量"和规模显著增大，截至 2022 年底，全省共有各级各类学校 27705 所（不含教学点），在校学生 1469.32 万人。其中，幼儿园 15998 所（普惠性幼儿园 13095 所），在园幼儿 216.00 万人；义务教育阶段学校 10254 所（标准化教学点 6198 个），在校学生 786.84 万人；高中阶段学校 1221 所，在校学生 216.86 万人；普通高校 128 所，在校学生总规模 247.54 万人。教育总规模位居全国第 7 位，中部六省第 2 位。湖南教育层次结构正在由传统的金字塔形向导弹形变化，逐步接近发达国家教育体系结构，符合世界教育发展趋势，标志着湖南教育结构的现代性日渐显现。（图 2-1，表 2-1，表 2-2）

此外，普惠性学前教育在园幼儿数占全部在园幼儿数比例不断提高，学前教育薄弱状况得到显著改善。农村义务教育学校布局不断优化，保留并办好 6198 个教学点。普通高中教育基本普及，普职在校生比例日趋合理。高等教育资源得到进一步优化配置，形成了各市（州）均设有 1 所以上本科院校、1 所以上高等职业学院，每个县（市、区）政府重点办好 1 所示范性公办中等职业学校的办学格局。民办教育持续规范发展，有力补充了人民群众对优质教育的需求。教育与经济社会适应度更高，以需求为导向动态调整优化学科专业结构，增设了一批省内急需的专业，特别是职业院校围绕 20 条产业链新增和撤销一批专业。不论是在教育层级结构，还是在类别结构，抑或是在与经济社会的协调方面，现代化的教育结构已经初现端倪。

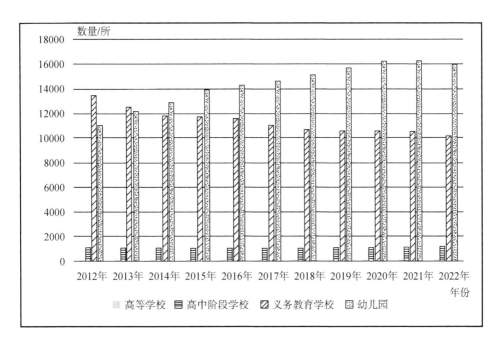

图 2-1 各级各类学校数变化图

表 2-1 2022 年中部六省学生数对比表

		全　国	湖南省	山西省	安徽省	江西省	河南省	湖北省	排名
学前教育	在园幼儿数	46275486	2159955	996592	2042987	1508518	3714844	1731054	3
九年义务教育	在校生	51205965	2637410	1093643	2287654	4930153	1830472	2637410	1
高中阶段教育	在校生	40531650	2168601	1019713	1928977	1763576	3698123	1440750	4
	其中：中等职业教育	13392903	746324	332805	727997	557069	1193613	438156	
高等教育	在校生	49584269	2475425	1179121	2006816	1997835	3609623	2396324	2
	其中：研究生	3653613	117663	55730	111060	66333	91916	217095	

表 2-2　各级各类教育普及对比情况（2012—2022 年）

年份	2012	2013	2014	2015	2016	2017	2018	2019	2020	2021	2022	2022 年比 2012 年增长
学前教育毛入园率/%	58.83	69.20	70.54	73.22	77.98	81.04	82.93	84.95	85.92	89.63	95.21	36.38
小学适龄儿童入学率/%	99.85	99.96	99.96	99.97	99.99	99.98	99.98	100.00	100.00	100.00	100.00	0.15
初中适龄人口入学率/%	99.81	99.93	99.69	99.94	99.80	99.71	99.80	99.98	100.00	100.00	100.00	0.19
初中毕业生升高中阶段比例/%	83.73	87.32	88.57	92.31	92.09	92.51	93.82	93.65	94.28	94.92	95.17	11.44
高中阶段教育毛入学率/%	88.00	88.20	89.00	90.00	90.60	91.50	92.54	93.04	93.29	94.28	94.47	6.47
高等教育毛入学率/%	30.00	34.70	36.60	40.21	43.00	46.28	49.83	52.41	53.64	57.32	59.48	29.48

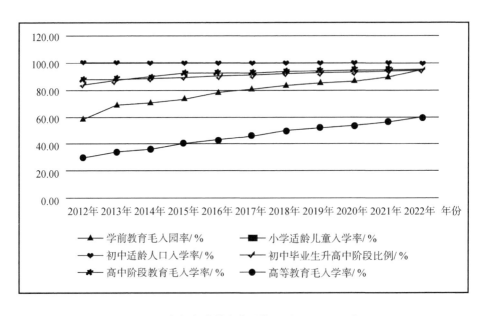

图 2-2　各级各类教育普及情况（2012—2022）

二、学前教育基本实现普及普惠

学年教育与其他层次教育相比，是湖南教育事业发展中的一个短板，也是一个难点。2019 年，湖南出台了《关于学前教育深化改革规范发展的实施意见》，全方位、立体式重点推进学前教育发展。湖南省政府将"增加 25 万个公办幼儿园学位"列为 2020 年重点民生实事项目，将"公办园在园幼儿占比"纳入 2020 年全面建成小康社会监测考评指标，在全国率先启动普惠性民办园认定，将办园质量完全达标的普惠性民办幼儿园一并纳入生均公用经费拨款范畴，与公办幼儿园同等对待。通过建设一批、回收一批、盘活一批的方式，大力改善公办幼儿园办园条件，推进农村公办幼儿园建设，扶持优质普惠性民办幼儿园发展，提高办园质量。引导各地尤其是农村地区进一步扩大公共学前教育资源，大幅增加了学前教育公办学位，有效缓解"入园难、入园贵"问题。2021 年，湖南全省共有幼儿园 16312 所，在园人数 229.39 万，其中公办幼儿园在园人数 123.39 万，占在园总人数的 53.79%；普惠性幼儿园在园人数 203.29 万，占在园总人数的 88.62%。[1] 2022 年，全省学前三年教育毛入园率 95.21%，比 2012 年增长 36.28 个百分点。学前教育公办学位供给不足的问题得到有效缓解，人民群众"幼有所育"的美好期盼得到较好保障。

幼小衔接问题是长期被教育工作者和家长所关注却一直没有得到很好解决的难题。近年来，湖南省坚持遵循儿童身心发展规律和教育规律，通过行政推动、试点先行、教研支撑、典型引领、综合治理等方式，推进幼儿园和小学实施入学准备和入学适应教育，2021—2022 年，省教育厅安排试点专项资金 1000 万元，设置幼小衔接"国培""省培"项目 31 个，培训教师 3370 人。[2]

---

① 湖南省教育厅. 2021 年全省教育事业发展概况［EB/OL］.（2022-12-15）［2022-12-15］. http://jyt. hunan. gov. cn/jyt/sjyt/xxgk/ghjh/tjxx/202212/t20221215 _ 29162123. html.

② 湖南省教育厅. 湖南多措并举推进幼小科学衔接［EB/OL］.（2022-06-16）［2022-09-26］. http://jyt. hunan. gov. cn/jyt/sjyt/xxgk/jykx/jykx _ 1/202209/t20220926 _ 1078985. html.

有效减缓了衔接坡度，幼儿园和小学教师及家长的教育观念与教育行为明显转变，幼小协同的有效机制基本建立，科学衔接的教育生态逐渐形成。

三、义务教育基本实现均衡发展

推进城乡义务教育一体化改革发展，是新时代解决义务教育发展不平衡不充分问题，满足群众日益增长的美好教育需要的重大举措。湖南按照教育部的统一部署，精心谋划，高位推进，攻坚克难，全力推动城乡义务教育一体化发展，努力让每个孩子享受公平而有质量的教育。2017 年 11 月 20 日至 21 日，湖南全省县域内城乡义务教育一体化改革发展现场推进会在郴州资兴市召开，推介先进经验，总结、部署相关工作，是多年来全省基础教育领域最高规格的会议，由此吹响了湖南城乡义务教育一体化改革发展的号角。湖南站在决胜全面建成小康社会的全局高度，把城乡义务教育一体化发展与创新开放、脱贫攻坚、新型城镇化、乡村振兴等工作统筹起来谋划部署，着力解决"有学上、上好学"的问题，"有人教、能教好"的问题，校外培训不规范、大班额、"择校热"等群众关注的热点难点问题。坚持农村教育重中之重的地位不动摇，特别是加大对农村义务教育的投入和政策扶持力度，进一步改善农村学校的办学条件，优化教育资源配置，充分发挥城镇教育对农村教育的带动作用，促进城乡教育相对均衡发展，不断提高全省农村教育的整体水平。最具代表性的政策举措当属 2017 年启动的芙蓉学校建设计划，省财政安排 12 亿元专项资金，撬动贫困县义务教育学校建设。从 2022 年开始，湖南省 14 个市（州）、122 个县（市、区）均参加国家义务教育质量监测，将各地的质量监测结果逐市逐县进行对比分析，并将其结果作为有关评价考核、评优评先、经费分配的重要参考。近年来，湖南相继出台了《关于进一步规范农村义务教育学校布局调整的意见》《关于统筹推进县域内城乡义务教育一体化改革发展的实施意见》《关于进一步加强乡村小规模学校建设和管理的意见》等系列政策文件。通过协作同盟、捆绑发展、委托管理等多种模式，在省级、市（州）、县（市、区）三个层次全面推行校校结对帮扶工作，全省基础教育共有校校结对帮扶学校 2000

多对，覆盖了贫困和薄弱学校学生约 356 万人。随着对乡村教育的倾斜支持力度的不断加大，2020 年，全省整体顺利通过国家县域义务教育基本均衡发展评估认定。全省小学学龄儿童净入学率 100％，初中阶段净入学率 100％，九年义务教育巩固率 98％，均超过全国平均水平。2021 年，全省共有普通小学 7132 所，在校生 530.06 万人。全省共有初中 3412 所，在校生 257.40 万人。[①]

对特殊群体实行特殊政策，予以特别帮扶和关爱，这是教育公平的内在要求。湖南有效实施了特殊教育提升计划，不断改善特殊教育学校办学条件，重点解决残疾儿童少年义务教育普及问题，推动特殊教育向学前教育和高中阶段教育延伸。建设了一批特殊教育指导中心，并以县为单位开展随班就读试点，开展学前、高中阶段特殊教育试点，不断提高三类残疾儿童少年入学率。目前，30 万人口以上县市均有 1 所特教学校。2022 年，残疾儿童少年入学率超过 97％，长期以来制约湖南特教发展的残疾学生入学难的问题得到有效缓解。

地方实践

新田县：调优资源，一体化推进城乡均衡。在永州市率先实施中小学校教育联盟发展管理体制改革，全县 54 所学校按照小学、初中、一贯制分为五个教育联盟，联盟内实行"管理互通、资源共享、教师互派、研训同步、质量同进"。以教育联盟为主体，自主创立"导学教练"高效课堂模式，实施三年一轮的"校长—业务副校长—教务主任"顶层赛课模式和"教坛新秀—教坛中坚—教坛宿将"全民赛课模式，每期联盟内农村学校校长到县城学校跟班学习一周，每学年开展教育联盟绩效考评，推动向常规要质量，以管理促发展。在五个教育联盟发展的基础上，建立优质学校与农村学校结对帮扶制度，12 所县城中小学校与 12 所农村薄弱学校、8 所城区小学与 16 个教学点结成帮扶对

---

① 湖南省教育厅. 2021 年全省教育事业发展概况［EB/OL］. (2022-12-15)［2022-12-15］. http://jyt.hunan. gov. cn/jyt/sjyt/xxgk/ghjh/tjxx/202212/t20221215 _ 29162123. html.

子，定期采取走教、送教、网络教学等方式开展系列帮扶活动，推进城乡学校互学管理共进步。①

四、高中阶段教育普及攻坚持续推进

普及高中阶段教育，是党中央立足我国全面建成小康社会决胜阶段，为实现新的发展理念作出的重大战略决策。湖南于 2016 年开始探索普及高中阶段教育改革，着力构建覆盖城乡、布局合理、质量优良、人民满意的高中阶段教育体系。正因为如此，"十三五""十四五"时期成为湖南普通高中教育普及攻坚的关键时期，进入了以内涵发展、提高质量为重点的发展新阶段。在这一背景下，湖南下发了《关于开展普及高中阶段教育改革的指导意见》，大力实施《湖南省高中阶段教育普及攻坚计划（2018—2020 年）》，把普及高中阶段教育纳入湖南省全面建成小康社会的重要考核指标，并作为对市（州）考核和对县级政府"两项督导评估"的核心内容，层层传导压力，压紧压实责任，引导初中生合理分流，推动普通高中和职业教育协调发展。截至 2021 年，全省有普通高中学校 686 所，在校生 135.41 万人。全省共有中等职业教育学校 496 所，在校生 74.66 万人。②到了 2022 年，高中阶段毛入学率达 94.47%，高出全国 2.87 个百分点，比十年前提高 6.5 个百分点。这也说明了湖南高中阶段教育普及攻坚工作卓有成效。

五、高等教育全面进入普及化阶段

高等教育是科技第一生产力和人才第一资源的重要结合点。党的十八大以来，湖南高等教育取得历史性成就，发生格局性变化，内涵式发展的特征也越

---

① 湖南省教育厅. 湖南各地着力提升义务教育质量（二）[EB/OL]. （2023-04-11）[2023-04-17]. https：//jyt. hunan. gov. cn/jyt/sjyt/xxgk/jykx/jykx _ 1/202304/t20230417 _ 1097126. html.
② 湖南省教育厅. 2021 年全省教育事业发展概况 [EB/OL]. （2022-12-15）[2022-12-15]. http：//jyt. hunan. gov. cn/jyt/sjyt/xxgk/ghjh/tjxx/202212/t20221215 _ 29162123. html.

来越明显。为了尽快解决高等教育发展同质化、与经济发展方式不匹配、与产业发展需求脱节、新增劳动力就业结构性矛盾等问题,推进高校转型发展、内涵发展、特色发展,湖南紧密对接经济发展大势,结合省情实际,贴近高等教育改革发展的实际需要,明显加快了高校转型发展。2015 年 11 月,全省普通高校"转型发展、内涵发展、特色发展"会议暨湖南省大学科技产业园现场推进会在宁乡召开,会议专门对《湖南省人民政府关于大力推进普通高校转型发展、内涵发展和特色发展的意见》进行研讨,吹响了打造湖南高等教育升级版、推进转型发展的强劲号角。"双一流"建设是高等教育的使命,更是湖南高等教育发展的战略机遇。2017 年,湖南启动首轮"双一流"建设。2018 年,省政府与教育部签署共建中南大学、湖南大学和湖南师范大学 3 所"双一流"建设高校的协议,支持湘潭大学高水平大学和特色学科建设。共立项建设了 3 所"世界一流大学建设高校"、1 所"世界一流学科建设高校"、7 所"国内一流大学建设高校"、4 所"国内一流学科建设高校"、7 所"高水平应用特色学院",立项了 12 个"世界一流建设学科"、64 个"国内一流建设学科"、80 个"国内一流培育学科"和 80 个"应用特色学科"。湖南教育为本地人力资本水平和劳动者素质提升作出了突出贡献。2019 年,湖南高等教育毛入学率达到52.41%,比 2015 年增长 12.2 个百分点,超过全国 51.6%的平均水平,标志着高等教育全面进入普及化阶段。2020 年,高等教育毛入学率达到 53.64%,比 2015 年增长 13.43 个百分点(图 2-3)。全省劳动年龄人口(16~59 岁统计口径)平均受教育年限达到 10.8 年,比 2015 年增加 0.4 年。2021 年,全省共有普通、成人高等学校 126 所(不含国防科技大学、独立学院),其中普通高校 114 所。普通高校中本科院校 38 所,高职(专科)院校 76 所。全省共有研究生培养单位 22 个,其中普通高校 18 所(不含国防科大),科研机构4 个。①

---

① 湖南省教育厅. 2021 年全省教育事业发展概况〔EB/OL〕.(2022-12-15)〔2022-12-15〕.http://jyt. hunan. gov. cn/jyt/sjyt/xxgk/ghjh/tjxx/202212/t20221215＿29162123. html.

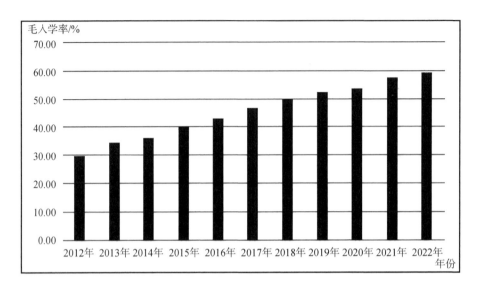

图 2-3 高等教育毛入学率变化情况

六、现代职业教育体系基本完善

职业教育是国家教育事业的重要组成部分，是与经济社会发展联系最紧密、最直接的一种教育类型，是促进经济、社会发展和劳动就业的重要途径。在职业教育大改革大发展大繁荣的背景下，湖南职业教育改革发展站到了一个新的历史起点上，矢志不移从"劳务输出主导型"向"服务地方产业主导型"转型，从"规模扩张型"向"内涵提升型"转型。2014年，湖南省政府在长沙召开全省职业教育工作会议，第一次对湖南特色现代职业教育体系进行系统谋划、总体设计、全面部署，启动了"农村中等职业教育攻坚计划"，全省职业教育步入了新的重要机遇期。进入"十三五"时期，湖南突出"湖湘特色"发展，努力在打造全国职教"新高地"的道路上不断阔步前行。接连实施高等职业教育高质量发展工程、产教融合工程、职业教育标准开放工程和职业教育"楚怡"行动计划等，让职业教育的服务能力得到巨大提升。2019年承办全国职业院校教师教学能力大赛并获奖 24 项（排全国第一），在全国职业院校技能大赛中获奖 249 项

（排全国第五）。在 2020 年全国职业院校技能大赛教学能力比赛中，湖南获一等奖数量排全国第一，"制造湘军""传媒湘军"等"湘字号"技能大军声名鹊起。湖南与教育部签订《落实〈国家职业教育改革实施方案〉备忘录》，成为首批建设产教融合试点省，由此开启了职业教育快速发展的新机遇。2021 年，湖南争取教育部支持，联合印发了《教育部 湖南省人民政府关于整省推进职业教育现代化服务"三高四新"的意见》，共建职业教育改革高地。率先建立服务区域经济高质量发展的职业教育制度和模式，为湖南充分发挥"一带一部"区位优势，大力实施"三高四新"战略，走在中部崛起前列提供技术技能人才支撑，为办好新时代职业教育提供湖南经验和模式，职业教育实现了从计划培养向市场驱动转变，从政府直接管理向宏观引导转变，从专业学科本位向职业岗位和就业为本位转变。与此同时，湖南加快完善终身教育体系，在城市建设国家、省、市、区四级社区教育实验示范体系，在农村推动形成县级职教中心统筹、示范性中职学校为依托、乡镇农校为基础的职业培训网络。大力开展终身教育骨干培训，加强终身教育资源库建设，遴选一批优质终身教育资源，培育一批终身学习品牌。现代职业教育体系的基本框架和基本制度基本健全，职业教育进入了全国第一方阵。截至 2022 年底，全省有职业本科学校 1 所、高职高专学校 83 所、中等职业学校 495 所、独立设置的成人教育学校 12 所，有职业本专科在校学生 81.59 万人、中等职业学校学生 74.63 万人。全省主要行业和每个市（州）办好一所高职院校、每个县（市、区）政府重点办好一所示范性公办中等职业学校的办学格局基本形成，适应新技术和产业变革需要、与市场需求和就业创业紧密结合、体现各类型各层次职业教育融会贯通的现代职业教育体系雏形基本形成。2019 年、2021 年两获国务院真抓实干督查措施激励，职教多项核心办学指标位居全国前列，成功进入全国职业教育发展第一方阵。

第四节　坚持改革创新，教育开放水平显著提高

创新是引领发展的第一动力，改革是推动高质量发展的关键一招。"心忧天下，敢为人先"是湖湘文化精髓。湖南教育系统时刻保持敢想的闯劲、敢试的拼劲、敢干的韧劲，坚定不移以人民立场作为改革创新的价值取向，推动教育改革蹄疾步稳，勇毅笃行。2018 年 12 月，湖南省教育大会在长沙召开，在新时代新起点推动湖南教育新发展，吹响了建设科教强省加快推进教育现代化的号角。推动教育改革发展，应该抓住主要矛盾。善于抓重点，不仅反映了对于工作的整体分析与判断力，更是解决问题、化解矛盾能力的体现。正是在这一思想指导下，湖南一批具有战略性、标志性、支柱性意义的重大改革相继推出，教育评价、"双减"、考试招生制度和"放管服"改革全面推进，"两项督导评估考核"获得首届国家教育改革创新奖，职业教育工作督导评估制度荣获第二届国家教育改革创新特别奖，城乡义务教育一体化发展、义务教育"全面改薄"、职业教育办学模式改革、民办教育改革等工作也都取得了显著成效。

一、教育评价龙头地位得到确立

教育评价改革，事关"培养什么人、怎样培养人、为谁培养人"的根本问题，事关国之大计、党之大计。2020 年，中共中央、国务院印发了《深化新时代教育评价改革总体方案》。这是新中国第一个关于教育评价系统改革的文件，也是指导深化新时代教育评价改革的纲领性文件。湖南对标对表，以攻坚克难的勇气和久久为功的韧劲，坚持以立德树人为根本任务，以学生成才成长为中心，把改革要求覆盖到最后一公里，着力破除"五唯"顽瘴痼疾，奋力推进教育评价改革各项任务举措落地见效，坚决打赢打好"最硬的一仗"。一是坚持把习近平总书记关于教育评价改革的系列重要讲话重要指示批示精神作为教育评价改革的"定盘星"。习近平总书记关于教育评价改革的一系列重要讲

话重要指示批示精神，为教育评价改革提供了总遵循。湖南坚持将学习宣传贯彻习近平总书记关于教育的重要论述和国家总体方案精神作为重大政治任务来抓，2020 年 11 月 25 至 27 日，在全国率先举办学习宣传贯彻《深化新时代教育评价改革总体方案》专题培训班，参训面覆盖"省市县乡"四级，培训规模上万人。省内主流媒体、新媒体、自媒体和"两微一端"对教育评价改革进行了广泛宣传，推广了一大批教育评价改革的成功经验和典型案例，营造了"人人关注、人人知晓、人人支持"教育评价改革的良好氛围。2021 年，湖南省委省政府印发《湖南省深化新时代教育评价改革实施方案》，明确了湖南教育评价改革的时间表、路线图和任务书。二是坚持把"破五唯"作为推动教育评价改革取得实效的"敲门砖"。"五唯"是当前教育评价问题的集中体现，反映了我国教育评价中不科学的评价导向。"破五唯"是教育评价改革的关键任务和重中之重。湖南从构建多维度、全过程、立体式、综合性评价体系着手，从"能力素养评价""全过程评价"和"多向度多元综合评价"三个方面用力。重点深化党委和政府履职评价，专门成立湖南省教育体制改革领导小组、省委教育工作领导小组，强化党对教育工作的全面领导，持续完善党政主要负责同志熟悉教育、关心教育、研究教育的工作机制。坚持将推动教育评价改革列入省委工作要点。2020 年，湖南省委深改委将教育评价改革作为年度 7 项教育改革的重中之重，为深入推进教育评价改革提供了坚强的组织保障和政治保障。改革力度最大、成效最明显的领域表现在教师职称评价制度改革，面向乡镇中小学创新实施定向评价、定向使用、定期服务的基层职称制度；强化师德考评，推行师德考核负面清单制度。长沙市建立了基层中小学岗位乡村教师职称制度和资深乡村教师职称制度，充分激发了乡村教师扎根乡村教书育人的热情，乡村教师队伍建设也因此得到有效加强。三是坚持把立德树人成效作为推进教育评价改革落实的"指南针"。立德树人是教育的根本任务，是贯彻落实党的教育方针的根本出发点和落脚点。科学的教育评价体系是落实教育立德树人根本任务、落实党的教育方针的根本保障。这些年来，湖南创造性构建了督导考核评政府、质量监测评学校、师德考核评教师、全面发展评学生的"四位一体"评价体系,形成了诸如职业教育专业技能抽查、毕业设计抽查、公共基础课普查"三查"制度,专业人才培养方案评价、专业技能考核标准评价、新设专业合格性评价"三评"制度等具有地方特色的教育制度,有效提升了教育质量。

长沙:深化评价改革,培育质量提升新动能。一是实施学生综合素质评价,促进全面发展。持续推进基于过程、数据支撑的中小学生综合素质评价。构建由 5 个一级指标、25 个二级指标、27 项实证材料组成的评价指标体系。指导中小学校搭建学生综合素质发展的成长平台,目前已有 6 大类 100 多门校本课程。推进综合素质评价全流程信息化管理,借助智能助手形成学生综合素质数字画像,常态化、过程性评估诊断学生成长状况,帮助学生有针对性地调整发展策略,该项改革获评第五届湖南省基础教育教学成果一等奖。二是实行教育质量综合评价,激发办学活力。率先探索"从入口看出口,从起点看变化"的教育质量综合评价,围绕学生、教师、学校三大主体,构建涵盖 11 个一级指标、48 个二级指标、123 个三级指标的测评体系,重点关注"增长值"和"净效应",连续 5 年发布评价报告,引导学校"不比基础比进步""不比背景比努力",重塑学校形象,激发各个层次学校的办学活力。近年来,先后开展了阅读状况、体质健康、心理健康、信息素养、智慧教育、劳动教育、作业设计与管理、家庭教育等专题评价,让教育回归本源。①

二、考试招生制度改革稳步推进

制度完善是改革创新精神的重要保障。湖南高度重视考试招生制度改革,

---

① 湖南省教育厅. 湖南各地着力提升义务教育质量(一)[EB/OL]. (2023-04-03)[2023-04-07]. http://jyt. hunan. gov. cn/jyt/sjyt/xxgk/jykx/jykx_1/202304/t20230407_1096463. html.

相继出台了《湖南省深化考试招生制度改革实施方案》《湖南省普通高中学生综合素质评价实施办法》《关于进一步规范普通中小学招生入学工作的实施意见》等系列文件，减少并进一步规范了高考加分政策，加强了考试招生规范管理。湖南从 2018 年秋季进入高一年级学生开始启动实施高考综合改革，成为全国第三批改革省份。2019 年，湖南省人民政府印发了《湖南省高考综合改革实施方案》，紧紧围绕"考什么""怎么考""怎么招"等关键问题，以高考改革为突破口，对高中学业水平考试制度、高中学生综合素质评价制度、普通高考和高职院校分类考试招生制度等进行了整体设计，建立了"学业水平成绩＋综合素质评价"的考试招生录取模式，并在长沙、株洲等地先行先试。这是恢复高考以来最全面、最深入、最触及本质的一次改革。积极推进"阳光招生"，进一步提高省示范性普通高中招生名额分配到区域内初中的比例，提高重点大学面向农村与贫困地区定向招生的比例，切实维护招生考试公平公正。加强普通中小学招生入学管理，实现公民办普通高中同步同范围招生，严肃查处违规招生的教育部门和学校，招生乱象得到有效遏制。落实进城务工人员随迁子女在流入地就学和升学的政策措施，简化入学流程、证件要求，为随迁子女提供平等就近入学机会。

三、"双减"政策落地有力

"双减"是教育领域的一次深刻变革，具有长期性、艰巨性。为切实提升学校育人水平，持续规范包括线上培训和线下培训的校外培训，有效减轻义务教育阶段学生过重作业负担和校外培训负担（以下简称"双减"），2021 年 7 月，中共中央办公厅、国务院办公厅印发了《关于进一步减轻义务教育阶段学生作业负担和校外培训负担的意见》。湖南在第一时间进行了跟进，挥出了"三记重拳"。一是大力压减培训机构。在中央规定的"三个不再新审批"（不再审批新的面向义务教育阶段学生的学科类校外培训机构、面向学龄前儿童的校外培训机构和面向普通高中学生的学科类校外培训机构）基础上，湖南全省统一停止新审批非学科类培训机构，确保校外培训机构总量"只减不增"。

73

2021 年全省义务教育线上学科类培训机构压减率达 100%。二是全面规范培训行为。湖南进一步明确了义务教育阶段学科类校外培训机构收费标准，课后服务收费标准对社会公布，依法严厉查处采取变相提高收费标准，虚假宣传、价格欺诈以及不按规定明码标价等行为，推动义务教育阶段学科类培训回归公益属性。进一步明确了学科类培训时间，禁止义务教育阶段学科类校外培训机构面向学生（含家长）销售周末、寒暑假、国家法定节假日的课程、课时包。进一步加强广告行为监管，省市场监管局充分发挥市场监管职能，对全省各类媒体媒介发布的教育培训等领域广告开展专项监测。督促各地中小学严格按照课程方案、课程标准开展教学，严控书面作业总量和考试次数，建立弹性离校制度。三是构建常态化治理格局。湖南将整治校外违规培训纳入平安建设考评指标体系，压实地方党委政府责任，依托乡镇、街道和社区网格化管理，形成横向倒边、纵向到底的校外培训治理体系。建立健全校外培训机构常态化管理机制，坚决遏制"超前教育""过度教育"等倾向。着力规范教师的教学行为，重点整治教师家教家养行为，坚决杜绝"课堂不讲课外讲"现象。省市县三级教育、市场监管部门均公布投诉电话，省教育厅委托第三方在节假日开展巡查暗访，紧紧依靠人民群众打好治理校外培训的阻击战。

四、民办教育改革日趋规范

民办教育是社会主义教育事业的重要组成部分，是推动教育改革的重要力量。湖南早在 2012 年便启动了"十二五"省级骨干民办学校建设，支持范围包括了民办幼儿园、民办普通中小学、民办中等职业学校和民办普通高等学校，初步构建起了全省骨干民办学校体系，为提升民办教育整体发展水平奠定了坚实基础。随着社会的快速发展，现代民办教育进入了新的发展阶段，民办学校的举办者类型更加多元，资金来源渠道更加多样，举办者的办学诉求也更加复杂。在这样的背景下，实行民办学校分类管理成为我国现代民办教育发展的必然选择。2019 年初，湖南省人民政府下发了《关于鼓励社会力量兴办教育促进民办教育健康发展的若干意见》，明确提出以民办学校分类管理为突破口，创新体制机制，实施差别化扶持政策。随后不断推动民办学校依法依规开展资产财务清算，明确学校土地、校舍、办学积累等财产权属，有序推进民办学校分类登记。建立了民办学校年度办学情况检查机制，坚持对各级各类民办学校办学情况进行评估检查，把民办学校办学情况检查作为规范办学行为的重要抓手，维护民办学校办学情况检查工作的严肃性。推动民办学校坚持社会主义办学方向、实现优质特色发展，不断满足人民群众多样化的教育需求。民办教育的类型层次也日趋丰富，涵盖了从学前教育到高等教育、从非学历教育到学历教育、从普通教育到职业教育的各个层次和类型。在与公办学校的差别定位和同类学校的错位竞争中，一大批以素质教育为导向且特色鲜明、质量过硬的民办学校不断发展壮大，特别是民办高中阶段和高等教育办学规模稳中有升。2022年，全省民办普通高中、民办中职、民办高校的在校生人数分别达到31.2万人、22万人、32.8万人，较2018年分别增长88%、32%、34%，较好地满足了人民群众对优质教育资源的需求。2022年，全省共有民办学校10512所，民办学校在校学生人数228万人，民办教育占全省教育总量的16%（图2-4、图2-5）。民办教育的规模结构得到了切实优化。

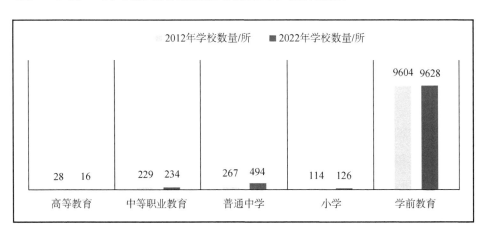

图2-4　各级民办学校数量变化情况

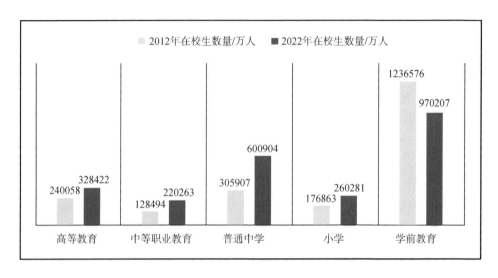

图 2-5　各级民办学校在校生数量变化情况

五、教育开放程度大幅提高

21 世纪，经济全球化加快推进。在这样的大背景下，2013 年，习近平总书记先后提出了建设"新丝绸之路经济带"和"21 世纪海上丝绸之路"的战略构想，这一宏伟构想有着极其深远的意义，为中国教育国际化发展提供了无限机遇。中国—非洲经贸博览会是中国首个国家级对非经贸合作平台，长期落户湖南，为湖南教育借船出海提供了新机遇。湖南处于长江经济带中游，基于"一带一部"战略定位，与粤港澳、长三角、成渝都市圈联系日益密切，长江经济带和中部崛起为教育区域发展开辟了新空间，在区域开放发展方面形成了新的比较优势。来湘留学生数量快速增加，截至 2022 年，共有招收来华留学生高校 45 所，在册来华留学生来自 100 多个国家和地区，总人数 6359 人，比 2015 年增加了 55.55%；教师国际流动明显加速，中外合作办学项目和机构增长迅速，全省共有中外合作机构 1 个，中外合作办学项目 48 个，建立孔子学院（汉语中心）15 所，孔子课堂 6 个，分布在亚、非、欧、美四大洲，展示了湖南高校近年来国际化办学方向和汉语言文化国际推广取得的成绩，也是湖南高校积极响应国家"一带一路"倡议的重要举措，为促进高校师资队伍国际化建设，提高国际化办学水平、科学研究、产学研合作以及加强对外文化交流提供更好的平台。国际化课程教材、课件等教学资源的跨国流动和传播速度加快，现代教育理念、先进培养模式、教学管理和学生事务管理模式的跨国传播与融合趋势明显。2018 年 9 月，由联合国教科文组织、中国教育部、国家语言文字工作委员会、湖南省人民政府等联合主办的首届世界语言资源保护大会在湖南长沙开幕。这也是我国有史以来举办的与语言资源保护有关的规格最高、规模最大、主题最为重要的一次会议。会议形成联合国教科文组织首个以"保护语言多样性"为主题的《岳麓宣言》，标志着会议在加强世界语言资源保护和语言文化交流方面达成国际共识。连续 12 年成功举办"汉语桥"世界大学生中文比赛，承办了首届世界中文教育大会、第六届中俄"长江—伏尔加河"青年论坛等大型活动，中外教育文化交流进入了高质量发展的快车道。

六、"放管服"改革有序推进

"放管服"改革是政府职能机构进行的"自我革命"，不仅为公共服务的人性化、便利化提供了更多的机会，也对原有的改革体系形成了倒逼。湖南教育"放管服"改革深入推进的这些年，成绩和变化有目共睹。为推进高等学校教学科研人员选聘和职称评审的改革创新，创造宽松的自主办学人才环境，湖南早在 2014 年，在全国范围内率先向高校下放教学科研人员选聘和职称评审权，构建了竞争择优、能上能下、优秀人才脱颖而出的用人机制。为破除制约高等教育改革发展的体制机制障碍，2018 年，《湖南省人民政府关于进一步落实和扩大高校办学自主权的实施意见》对学科专业设置、编制及岗位管理、进人用人等九个方面进行了改革和放权，充分激发和释放了高校办学活力。湖南省教育厅在省直单位率先推出政务服务旗舰店，推动教育政务服务"马上办、就近办、一次办、网上办"，开辟湖南省教育厅驻省政务服务大厅窗口，深入推进政务服务标准化、规范化、便利化建设，优化办事流程，尽量让数据多跑路，让群众少跑路、"零跑路"，实现教育政务服务的提质增效。

此外，湖南深入推进课程改革，稳妥推进普通高中新课程新教材工作，从

2020 年高一年级起实施新课程，使用新教材。湖南省自主编写研发的《湖南地方文化常识》《生命与健康常识》等地方教材和国家课程地方教材《综合实践活动资源包》也深受学生喜爱，社会影响广泛。其中，《生命与健康常识》首次提出了中小学生命与健康教育的命题，2014 年 2 月 22 日，CCTV-新闻频道播发专题，肯定其防范性侵害的教育成果，称"这是全国首次由省级教育部门将预防性侵列入中小学教育内容"。正是这些教育改革的有效实施，让湖南教育现代化的基本特性逐渐显现。

第五节 坚持改善民生，办学条件有效改善

教育不仅关乎国家发展大计，更关乎百姓福祉，是涉及面最广、影响最大、社会最关注的"民生"。合理配置教育资源，促进教育均衡发展，让孩子们享受上学的权利，得到优质的教育，始终是"第一大民生工程"。湖南作为人口大省和教育大省，始终把教育放在改善民生的首要位置，坚持把教育放在优先发展的战略地位，持之以恒、用心用力改善办学条件。在教育系统和社会各界的共同努力下，人民群众受教育机会大幅提升，教育获得感明显增强。

一、教育投入持续加大

对教育的持续投入，是支撑国家长远发展的基础性、战略性投资，并日益成为评价一个国家、一个地区教育事业是否优先发展的一项重要指标。党中央、国务院将教育投入作为支撑国家长远发展的基础性、战略性投资，作为发展教育事业的重要物质基础和公共财政保障的重点，从教育优先发展战略高度提出"两个只增不减"，也就是确保做到各级财政一般公共预算教育支出逐年只增不减、各级教育按在校学生人数平均的一般公共预算教育支出逐年只增不减。在这样的政策指导下，近年来，湖南一直在稳定增加教育投入。2021 年，湖南全省一般公共预算教育经费达到 1425 亿元，较 2012 年的 712 亿元翻了一

番，教育经费总量维持在全国第 8 位。2022 年，全省幼儿园、普通小学、普通初中、普通高中、中职学校和普通高校的生均公共预算教育经费比上年实现了增长，所有学段均实现了"第二个只增不减"。湖南教育投入持续加大得益于三个方面的有效探索和实践。一是覆盖全学段的生均拨款体系基本形成。2015 年，湖南建立健全了覆盖学前教育到高等教育全学段的生均财政拨款制度。2022 年，全省各级财政共落实学前教育、义务教育和普通高中生均公用经费 90 亿元，其中中央和省级财政补助资金 72 亿元，有力支撑了各级各类学校的健康发展。二是省、市、县支出责任全面厘清。2020 年 4 月，湖南省人民政府办公厅印发了《教育领域省与市县财政事权和支出责任划分改革实施方案》，将经常性事项和阶段性专项统一纳入改革实施范围，对全省各县市区按照省直管县和非省直管县，分两类三档，明确了各阶段教育省与市县共同财政事权项目和分级分档分担比例，建立权责清晰、财力协调、区域均衡的省以下财政关系，确保财政教育投入持续稳定增长。三是教育投入渠道不断扩大。最具代表性的当属探索出的委托开发建设单位配建中小学校、幼儿园的新机制。2016 年，湖南在全国率先出台《湖南省中小学校幼儿园规划建设条例》，2021 年 9 月再次进行修正。该条例实施以来，全省中小学校、幼儿园规划布局更加合理，教育用地供给得到有效保障，学校建设投入渠道明显拓宽，为全面消除省内义务教育大班额、破解城区"入园难""入园贵"问题奠定了法律基础。同时，不断拓宽对外筹资渠道，争取亚行贷款职教示范、世行结果导向型贷款等项目，推动改善学校办学条件。此外，湖南还研究出台中小学课后服务收费文件，将服务范围拓展到普通高中，为推动"双减"、强化学校育人主阵地作用提供经费保障。

二、办学条件大幅改善

办学条件的改善程度直接决定着教育质量高低。十年来，湖南坚持集中财力办大事的思路，持续扩大增量、盘活存量，针对热点难点问题精准发力，有针对性地实施了一批富有成效的教育民生项目，办学条件发生了根本性改变。

一是百所"芙蓉学校"花开三湘。为加快补齐贫困地区教育发展短板，2017年，湖南省政府印发了《湖南省贫困地区中小学校建设实施方案》，决定从2017年开始，每县补助省级资金3000万元，支持武陵山和罗霄山40个集中连片特困县和国贫县，建设43所规模适中、条件达标、风格统一、办学质量高的中小学，并统一命名为"芙蓉学校"。截至2021年秋季学期开学，省财政安排25亿元，带动地方投入65亿元，重点面向贫困地区建成101所"芙蓉学校"，新增学位14.6万个。"芙蓉学校"招收贫困家庭学生比例不低于20%，实行优质学校结对帮扶，纳入教育信息化创新试点，积极探索"上联名校、下联村小"的发展模式，成为义务教育优质均衡发展的"新标杆"。二是深入推进义务教育薄弱环节改善与能力提升。湖南先后实施了两轮义务教育薄弱环节改善与能力提升项目。截至2022年底，全省"薄改与能力提升"累计支出64.85亿元，占5年总规划的35.76%；校舍建设项目累计开工340.2万 m²，占总规划的45.61%，已竣工302万 m²，占总规划的40.49%；设施设备购置项目累计完成9.15亿元、203.13万台（件套），完成率36.18%；累计完成项目学校1874所，工作进度位居全国前列。义务教育薄弱环节改善与能力提升项目的有效实施，有力促进了义务教育学校办学条件整体改善和办学质量持续提升。三是实施消除义务教育大班额工程。为系统破解城镇化进程中的学位不足问题，2018至2019年，湖南连续两年将消除义务教育大班额列入省政府重点民生实事项目和真抓实干督查激励项目，累计投入372亿元，累计增加学位132万个，消除义务教育大班额4.6万个，是全国消除大班额最多的省份，大班额、超大班额比例降幅均居全国首位。四是实施增加公办园学位工程。2018年底，湖南公办园在园幼儿占比仅23.8%，低于全国平均水平20个百分点。面对这种状况，2020至2021年，湖南省政府连续两年将增加公办园学位列入重点民生实事项目，累计投入资金63.8亿元，累计增加公办园学位51.95万个，将全省公办园在园幼儿占比提高至53.61%，较2019年增长24个百分点，较2012年增长30个百分点，基本实现每个乡镇至少建设1所以上公办中心幼儿园，圆满完成国家规定的公办园在园幼儿占比达到50%以上的目标任务。五是实施规范民办义务教育工作。为贯彻落实中央有关规范民办义务教育发展决策部署，湖南将增加公办义务教育学位纳入 2022 年省政府十大民生实事，纳入真抓实干督查激励。湖南省财政统筹 21 亿元专项资金对各地规范民办义务教育增加公办学位工作进行奖补，全省民办义务教育在校生占比从 2021 年的 9.75% 降至4.24%，全省新增公办义务教育学位 44 万个。六是扎实推进乡镇标准化寄宿制学校建设。2021 年，湖南启动全省乡镇标准化寄宿制学校建设工程，计划到"十四五"末重点支持每个乡镇至少建设 1 所标准化寄宿制学校。两年来已累计实施省级项目校 781 所，完成投资 56.24 亿元，建设校舍面积 457.2 万 m^2，购置设施设备 8.29 亿元。如表 2-3 所示，2022 年相较 2012 年，校舍建筑面积、教学仪器设备值、一般图书资料、数字终端数（台）都有了明显增加，其中，中等职业学校、普通中学、小学校舍总面积分别较 2012 年增加 30.86%、58.25%、45.31%，教学仪器设备值（万元）增加幅度更为明显，普通高校、中等职业学校、普通中学和小学设备总值较 2012 年分别增加 148.53%、126.93%、241.55%、404.83%。小学、普通中学的数字终端数（台）较 2012 年分别增加152.55%、94.02%。这一连串数字的背后，是湖南的儿童从有学上到上好学的时代印记。

表 2-3　各项办学条件对比情况（2012 年与 2022 年）

办学条件		2012 年	2022 年	2022 年比 2012 年增长/%
高等学校占地面积	普通高校占地面积	71491768m²	88729158.54m²	24.11
	普通高校生均占地面积	61.97m²	49.36m²	−20.35
	成人高校占地面积	719943.00m²	402068.04m²	−44.15
	成人高校生均占地面积	121.84m²	10.13m²	−91.69
学校建筑面积	普通高校建筑总面积	32010817m²	45029246.01m²	40.67
	普通高校生均建筑面积	27.75m²	25.05m²	−9.73
	普通高校教学行政用房面积	16007789m²	22390156.03m²	39.87
	普通高校生均教学行政用房面积	13.88m²	12.46m²	−10.23

续表1

办学条件		2012 年	2022 年	2022 年比 2012 年增长/%
学校建筑面积	成人高校建筑总面积	485717.00m²	358048.22m²	−26.28
	成人高校生均建筑面积	49.73m²	9.02m²	−81.86
	中等职业学校校舍总面积	9926500.00m²	12989409.25m²	30.86
	中等职业学校生均校舍面积	13.52m²	17.40m²	28.70
	普通中学校舍总面积	48557025m²	76843803.26m²	58.25
	普通中学生均校舍面积	15.48m²	18.93m²	22.29
	小学校舍总面积	30569335m²	44418971.27m²	45.31
	小学生均校舍面积	6.45m²	8.49m²	31.63
教学仪器设备值	普通高校设备总值	946452.32 万元	2352205.69 万元	148.53
	普通高校生均设备值	0.77 万元	1.19 万元	54.55
	成人高校设备总值	13935.76 万元	9499.40 万元	−31.83
	成人高校生均设备值	1.65 万元	0.21 万元	−87.27
	中等职业学校设备总值	199924.38 万元	453688.31 万元	126.93
	中等职业学校生均设备值	0.27 万元	0.61 万元	125.93
	普通中学设备总值	408562.94 万元	1395448.82 万元	241.55
	普通中学生均设备值	0.13 万元	0.34 万元	161.54
	小学设备总值	173726.73 万元	877020.29 万元	404.83
	小学生均设备值	0.04 万元	0.17 万元	325.00
一般图书资料	普通高校图书	9241.66 万册	13147.79 万册	42.27
	普通高校生均图书	75.14 册	66.72 册	−11.21
	成人高校图书	137.37 万册	85.31 万册	−37.90
	成人高校生均图书	162.47 册	19.11 册	−88.24
	中等职业学校图书	1460.93 万册	1490.46 万册	2.02
	中等职业学校生均图书	19.9 册	19.97 册	0.35
	普通高中图书	2755.6 万册	4866.22 万册	76.59
	普通高中生均图书	26.84 册	34.21 册	27.46
	初中图书	6433.96 万册	9603.81 万册	49.27

续表 2

办学条件		2012 年	2022 年	2022 年比 2012 年增长/%
一般图书资料	初中生均图书	30.48 册	36.41 册	19.46
	小学图书	7668.93 万册	12659.97 万册	65.08
	小学生均图书	16.19 册	24.20 册	49.47
数字终端数	小学	190518 台	481156.00 台	152.55
	每百名小学生拥有数字终端台数	4.02 台	9.20 台	128.86
	普通中学	330747 台	641702.00 台	94.02
	每百名中学生拥有数字终端台数	10.54 台	15.81 台	50.00

三、教育扶贫精准实施

　　教育的缺失是"能力剥夺的贫困"，极易引发贫困的代际传递。习近平总书记提出"扶贫先扶智"，这是新时期对坚决打好、打赢脱贫攻坚战的新论断之一。湖南紧紧围绕建档立卡贫困学生"义务教育有保障"的核心目标，加大保障力度，加快补齐短板。其中的重中之重当属控辍保学工作，确保"应返尽返"，最大程度保障农村学生"有学上"和"上好学"。湖南按照建好学校、配好教师、一个不少去上学的思路，坚持"三帮一"劝返复学机制，以县级政府为主体，细化县、乡、村三级控辍保学责任，扎实开展"一单式"数据比对和"三帮一"劝返复学专项行动，做到了"县不漏乡、乡不漏村、村不漏户、户不漏人"，实现了家庭经济困难学生失辍学动态清零。学生资助是湖南教育扶贫精准实施的另一个重要举措，基本实现了所有学段、所有公办民办学校、所有家庭经济困难学生"三个全覆盖"，家庭经济困难学生入学前、入学时、入学后"三不愁"，全面实现了"应助尽助"。2012 至 2022 年，湖南全省累计投入学生资助资金（不含义务教育"两免"和营养餐）596.83 亿元，累计资助学生（幼儿）5370.6 万人次。与此同时，湖南持续加大对民族和贫困地区教育倾斜支持力度，落实校际结对帮扶和对口支援，加快促进优质教育资源向农村和贫困地区辐射。持续实施"农村学生单独招生""农村学生专项计划"和"少数民族高层次骨干人才计划",支持农村贫困地区初中毕业生到省内经济较发达地区接受职业教育,提高农村与贫困地区孩子上重点大学比例,让更多身处农村贫困地区的学生能够享有优质教育资源。营养改善计划覆盖 53 个县(市、区)(含全部贫困县),受益学生 198.98 万人。引导高校依托湖南省消费扶贫示范中心、湖南省消费扶贫公共平台、扶贫832 网络等平台,推进消费扶贫常态化。湖南义务教育扶贫工作经验在教育部全国脱贫攻坚培训班上作典型推介,教育扶贫攻坚战如期打赢。通过系列举措的稳步推进,从根本上保证了每个孩子成长成才的权利,通过教育有效提高了生活质量,找到了走向成功的正确通道。

四、教育信息化走在全国前列

当前,新一轮科技革命方兴未艾,数字化变革发生在社会生活各个角落。一场教育领域的数字化转型正在发生。长期以来,湖南高度重视加快推进教育信息化建设,试图以教育信息化的较低投入来有效扩大优质教育资源覆盖面。湖南大力实施"教育信息化创新应用十百千万工程",推动信息化教学在全省得到高质量、大规模、普遍性的应用,成功获批全国首个"国家教育信息化2.0 试点省"。在全国率先探索"政府引导、企业参与、学校应用、服务驱动"的教育信息化建设新路子,积极建设与湖南教育现代化发展目标相适应的教育信息化体系。大力实施中小学网络联校建设工程、基础性资源普惠工程和"三个课堂"建设,做强做优新型线上教学资源,"我是接班人"思政资源学习人次突破 10 亿,"智趣新课堂"基础教育学科资源覆盖全省 7000 余个农村教学点,两类资源均被引入新疆和西藏地区,让农村和薄弱地区更多的学校共享优质教育资源。全面推进"互联网+教育应用基础全覆盖"工程建设,大力建设线上线下结合、优质资源共享的新型联合学校,全省各级各类学校(含教学点)实现互联网、多媒体教室全覆盖。大力推进"互联网+义务教育均衡发展"工程,建成新型网络校联体,尽可能覆盖农村中小学校和教学点。重点打造以芙蓉学校为核心节点、省级名校带芙蓉学校、芙蓉学校带区域内薄弱学校的"互联网＋芙蓉联校"模式，中央电视台《新闻联播》以"城乡同步，'云'端共上一堂课"为题对该模式进行了报道。2019年，湖南省正式启动了中小学教师信息技术应用能力提升工程2.0行动，以深度贫困地区、老少边穷地区为实施重点，有针对性地提高教师利用信息技术解决教学实际问题的能力，不断提升教师信息化素养。2021年，湖南全省实现了100%"网络到校""终端到校"，由此进入了教育信息化发展的新轨道。

地方实践

长沙市：探索智慧教育，开辟质量提升新赛道。一是推进智慧德育。创新开展"云思政"，组织120多所大中小学"手拉手"思政一体化备课，获省思政工作优秀研究成果一等奖。借助信息技术，推行课程、文化、活动、实践"四位一体"，让德育"看得见""摸得着"。智慧开展心理普查，建立心理档案库，及时跟踪、关注预警学生，化解心理危机。成立在线家长学校，提供家长课程、家长沙龙、育儿百科等服务，构建家校社协同育人机制。近年全市有3名学生获评全国新时代好少年、22人获评新时代湖南好少年。二是推进智慧教学。运用人工智能、大数据等新技术深化课堂教学改革。156所学校率先开设以平板电脑为载体的智慧课堂教学班。推广AI课堂系统，伴随式采集师生课堂行为数据，帮助教师精准诊断教学，助力教师专业成长。建设录播课堂、专递课堂、名师网络课堂，遴选132所优质学校与392所农村薄弱学校互联互通，促进城乡均衡发展。三是推进智慧体育。依托教育部智慧体育共同体项目，构建智慧跳绳、智慧足球、智慧跑步、智慧游泳等子项目，利用大课间、寒暑假全面开展体育"云赛"，2022年日常参与智慧体育的有63.2万人，累计记录1.02亿人次。全市中小学生体质健康合格率连续三年增长，2021年优良率达42%，比2020年提高6.2%。四是推进智慧美育。打造数字美育教室，联通名师课堂，推送个性化资源，开展自主互动学习；联通省市博物馆、美术馆、剧院、非遗馆等场馆的数字资源，支撑线上线下沉浸式教学；开发"博物馆里的美育课""戏画西游——传统文化进校园"等网络公益课程，促进学生艺术素养的普及和提升。2022年城区艺术中考合格率达94.83%。五是推进智慧劳动与社会实践。建立全市劳动实践基地管理系统，打造基于场馆特色的实践课程，构建"云网＋场馆"的智慧劳动与社会实践新格局，实时记录学生活动数据，激发学生劳动实践兴趣。全市现有市级中小学劳动实践试点学校205所，劳动与社会实践教育基地170个。①

五、大学生就业率高位稳定

高校毕业生就业创业事关千百万学生及其家庭的切身利益，事关高等教育健康协调发展，事关国家经济社会发展和社会和谐稳定。正因为如此，湖南始终将大学生就业工作摆在教育民生的重要位置。在体制机制方面，湖南深入推进高校毕业生就业"一把手工程"，成立高校毕业生就业工作专班，协调推动省直部门、全省高校共同发力促就业。统筹推进高校毕业生就业政策性岗位落地落实、春季促就业攻坚行动等工作，不断完善校园招聘机制，增强访企拓岗实效，发挥省级常设就业市场作用，挖掘校友资源促就业，加强就业指导教师队伍建设等，着力织密织牢促就业保障网。2021年，针对高校应届毕业生增量、增幅再创历史新高、高校毕业生就业形势依然严峻复杂的新形势，湖南省教育厅下发了《湖南省2022届高校毕业生就业创业工作"一揽子"举措实施方案》，大力开展2022届高校毕业生留湘回湘来湘暨"温暖三湘"系列招聘活动，大力拓展就业市场，持续推进就业创业指导与研究，深入开展就业创业教育与实践，推动形成招生培养就业联动机制，持续优化就业服务等七个方面共26条"一揽子"举措，通过有效整合资源、积聚力量，成功缓解了高校毕业生"就业难"问题。在就业服务平台建设方面，湖南积极搭建精准服务大平台，进一步提高就业指导水平和服务能力。推进大学生创业园、创业孵化基地

---

① 湖南省教育厅. 湖南各地着力提升义务教育质量（一）[EB/OL].（2023-04-03）[2023-04-07]. http：//jyt. hunan. gov. cn/jyt/sjyt/xxgk/jykx/jykx＿1/202304/t20230407＿1096463. html.

和实习实践基地建设，开展创业规划设计和创业项目孵化推介工作，大力扶持大学生自主创业。在拓宽高校毕业生就业渠道方面，坚持基层就业大方向，进一步引导和鼓励高校毕业生到基层工作。深入实施"应征入伍""大学生村官""三支一扶""农村订单定向医学生""农技特岗生"以及志愿服务西部计划等项目，加大对就业困难学生的帮扶力度，出台高校毕业生到艰苦边远地区基层单位就业的学费奖补政策，积极引导和鼓励毕业生到城乡基层就业创业。据统计，2016 至 2021 年，全省共有 3.6 万名高校毕业生主动到薄弱县基层单位就业。特别是为了应对新冠疫情影响，湖南省人民政府办公厅印发了《应对新冠肺炎疫情影响进一步做好稳就业工作十六条措施》，为拓宽高校毕业生就业渠道创造了良好的政策环境。湖南省教育厅毕业生就业办公室、湖南省大中专学校学生信息咨询与就业指导中心在 2021 年 4 月 9 日至 8 月 30 日期间，每周举办一场湖南省普通高等学校"云就业"线上视频双选会，有效推进了高校毕业有效就业、高质量就业。2022 年，湖南省教育厅制定了《湖南省高校书记校长访企拓岗促就业专项行动实施方案》，从广泛开拓就业渠道和就业岗位，深入开展社会需求调查，积极开展毕业生就业状况跟踪调查等三个方面进行精准施策，全力促进高校毕业生更加充分更高质量就业。据统计，截至 2022 年底，湖南省普通高校 2022 届毕业生中去向落实率为 88.04%，与上年基本持平，连续十年高于全国平均水平，位列全国第一方阵。

第六节　坚持教师为本，教师能力素质持续提升

百年大计，教育为本；教育大计，教师为本。教师是立教之本、兴教之源。党的十八大以来，习近平总书记多次到学校看望教师，多次给教师写信，多次就教师队伍建设作出重要指示批示，充分体现了党中央对教育事业的高度重视和对广大教师的亲切关怀。2018 年，中共中央、国务院印发了《关于全面深化新时代教师队伍建设改革的意见》，这是新中国成立以来党中央出台的

第一个专门面向教师队伍建设的文件，具有里程碑意义。历届湖南省委省政府高度重视教育事业发展，建设教育强省，更是历届省委省政府的浓厚情怀和战略定位。2018年，湖南出台《中共湖南省委 湖南省人民政府关于全面深化新时代教师队伍建设改革的实施意见》，是未来一段时间推进教师队伍建设改革的纲领性文件，加之以加强乡村教师队伍建设的意见、中小学教师违反职业道德行为处理实施办法等政策文件出台和中小学教师资格考试和定期注册制度改革等一系列重大改革举措的实施，使湖南教师队伍的规模数量和整体素质都有了全面提升。总体来看，新时代湖南教师队伍实现了量质齐升、体系跃升和地位提升，教师队伍呈现出新面貌。

一、教师队伍结构不断优化

加强教师队伍建设是一项重大政治任务和根本性民生工程，时代越是向前，知识和人才的重要性就愈发突出，教育和教师的地位和作用就愈发凸显。湖南始终把教师放在特别重要的地位，推动教师队伍结构不断优化、素质不断提升，成长空间和待遇保障日益增强。从数量上看，湖南教师队伍规模不断扩大，基本满足了需求。根据统计，2022年，湖南全省各级各类学校共有专任教师87.07万人，较2012年增长35.97％。其中，学前教育12.81万人，增幅95.89％；义务教育51.24万人（其中初中19.91万人，小学31.33万人），增幅22.56％；高中教育14.19万人（其中普高10.23万人，中职3.96万人），增幅50.37％；普通高校8.44万人（其中本科院校5.12万人，高职高专3.32万人），增幅34.98％（图2-6）。合理的教师队伍结构是提高教育质量的基本条件，特别是合理的学历结构、职称结构可以提高学校人力资源的利用效率，也是教师队伍建设重要标志。一般来说，教师队伍结构包括教师的专业构成、学历构成、职称构成以及年龄构成、性别构成等。湖南省教师队伍在学历结构方面取得了突出成效。2022年，全省教师队伍中研究生学历7.64万人，本科学历57.67万人。学前教育本科及以上专任教师占17.64％；小学教育本科及以上专任教师占73.76％；初中教育本科及以上专任教师占89.76％；普通高中本科及以上专任教师占 98.39％，研究生学历教师占 8.57％；基础教育全学段高级职称教师占比提升至 12.29％。中职教育本科及以上专任教师占 91.23％，研究生学历教师占 7.24％；普通高校硕士及以上专任教师占 76.21％，比 2012 年提高近 20 个百分点，其中普通本科博士研究生学历教师占 40.92％。高校人才队伍建设取得进展，截至 2021 年底，全省高校实际在岗高层次人才总数达 1380 人。这一时期，湖南在全国率先实行"编制到校，经费包干，自主聘用，动态管理"的职业院校教师编制管理办法，为"双师型"教师队伍的建立打开了一条通道，2022 年职业院校"双师型"教师比例达 31.61％。总体来看，过去的十多年，湖南教师队伍不论是在规模上还是在素质上都有了明显提升，也为湖南教育高质量发展奠定了坚实的师资基础。

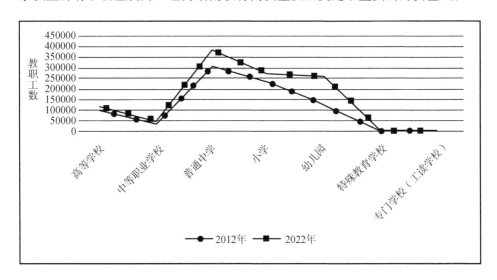

图 2-6　各级各类教育教职工数对比情况（2012 年和 2022 年）

二、乡村教师队伍建设不断加强

抓教育质量，最根本的是抓教师队伍建设。抓好教师队伍建设，就必须首先抓好乡村教师队伍建设。因为只要一流的教师，才能办出一流乡村教育。十余年来，湖南省聚焦破解乡村教师队伍数量不足、素质不高、补充不力，以及师范教育生源质量不高、专业情意不牢、就业机制不畅等突出问题，在全国率先恢复公费师范教育，创造性构建新时代乡村教师队伍培养补充机制，探索出了相对成熟的乡村教师队伍建设的湖湘模式，有力促进了全省乡村教育高质量发展与城乡义务教育优质均衡发展。第一，不断扩大培养规模。注重从招生就业、教学科研、实践培养等环节入手，强化培养高校、地方政府、实习学校三方的深度合作，协同确定培养目标、设计课程体系、评价培养质量，形成"三位一体"协同育人机制。大力实施乡村教师培养培训工程，不断深化"特岗计划"，努力提升本科以上学历特岗教师的招聘比例。湖南全省有33所高校承担了公费定向师范生的培养任务，招生人数从2006年的1000人增加到2021年的1.45万人，2022年计划招生1.18万人，成为全国规模最大的公费师范生培养省份。其中，2021年"优师计划"师范生招生规模2300余人，2022年近2700人，两年招生人数约占全国招生总量的四分之一。① 这为农村学校补充了一批优质师资，有力地支撑起了湖南乡村教育的发展，促进了城乡义务教育均衡，同时为教育扶贫、乡村振兴贡献了人才，赢得了全社会的广泛赞誉。第二，优化专业结构。湖南省坚持以需求为导向，加大了科学、音体美、信息技术、心理健康教育等乡村学校紧缺学科师资培养力度，特别是针对乡村小规模学校特点专门组织实施了"小学全科型"教师培养计划。设置小学男教师、建档立卡贫困学生、中职学生对口招生等专项计划，通过制定男女均衡政策，公费定向男教师招生比例达40%左右，有效缓解乡村学校男女教师比例失衡。第三，不断完善保障体系。湖南公费定向师范生培养的最大特点就是学费、住宿费、军训服装费、教材费全部免缴，所需的培养经费根据培养项目层次均由省、市、县三级财政负担。难能可贵的是，3.99万名已毕业公费定向师范生

---

① 规划司. 湖南省加强公费师范生培养 赋能乡村教育高质量发展［EB/OL］.（2022-10-12）［2022-10-12］. http：//wap. moe. gov. cn/jyb_xwfb/xw_zt/moe_357/jjyzt_2022/2022_zt04/dong-tai/difang/202210/t20221012_669140. html.

履约率和乡镇以下从教率均超 90％。①湖南公费定向师范生培养改革经验得到教育部、兄弟省份、师范教育界的高度赞誉，多次在全国性会议上发言或推介，曾荣获"第五届地方教育制度创新奖"优胜奖。湖南第一师范学院的"公费定向农村卓越小学教师培养"入选教育部首批卓越教师培养改革计划。公费师范生培养的"湖南模式"已经成为湖南乃至全国乡村教师培养的典范。

当然，要加强乡村教师队伍建设，紧紧依靠公费师范生培养还不够。义务教育发展不均衡突出表现在校际之间师资力量的差距。要改变薄弱学校的落后状况，从根本上就是要加强区域内教师资源的统筹管理和合理配置。湖南积极从体制机制上破解高校教师队伍发展难题，推动完善校长和教师定期交流机制，积极推行校长任期制和轮岗制，定期组织优质学校校长和中层管理人员到薄弱学校交流任职，开展城镇学校教师到农村学校对口支援活动，努力促进县域义务教育学校教师均衡配置与合理流动。与此同时，湖南不断强化乡镇中心学校统筹、辐射和指导作用，完善城乡学校支教制度，巩固城乡学校"手拉手"对口支援关系，广泛开展对口帮扶活动，不断提升乡村教师能力水平。顺利完成中小学教师资格考试和定期注册制度改革，向基层一线教师倾斜、向乡村教师倾斜的评审机制等一系列政策的有效实施，让更多的优秀教师才得以扎根基层、安心从教。

三、教师地位待遇有效提升

国家繁荣、民族振兴、教育发展，需要我们大力培养造就一支师德高尚、业务精湛、结构合理、充满活力的高素质专业化教师队伍，需要涌现一大批好老师。今天教师的意义早已超出了课堂，越过了讲台，在人生的各个阶段、各个领域用之不觉，代代相传，薪火不灭。经过多年努力，湖南教师的荣誉感、获得感、幸福感得到有效增强。一是待遇优先保障。广大教师的待遇问题始终

---

① 规划司. 湖南省加强公费师范生培养 赋能乡村教育高质量发展［EB/OL］.（2022-10-12）［2022-10-12］. http：//wap. moe. gov. cn/jyb_xwfb/xw_zt/moe_357/jjyzt_2022/2022_zt04/dong-tai/difang/202210/t20221012_669140. html.

是湖南省委省政府放心不下的重要问题。近年来，湖南积极推动教育投入从"物"的投入转向"人"的投入，多项重大改革举措领跑全国，率先下放高校职称评审权，率先实施乡村教师人才津贴制度，率先启动实施农村小学教师定向培养专项计划，在连片特困地区和边远贫困地区设立了乡村学校和教学点教师工作专项补助资金，坚决落实基层教师工资、社保、医疗政策，完善中小学绩效工资分配办法，建立义务教育教师平均工资收入不低于当地公务员平均工资收入的长效联动机制和监督检查机制，落实中小学教师定期体检制度，保障教师"住有所居"，既加强教师培养、教师培训，又改善教师的工作、学习和生活条件，最大限度地改善教师待遇，全省教师的职业地位更显高位。教师荣誉表彰制度体系得到完善，开展在乡村从教满 30 年荣誉证书颁发工作，突破性举措是从 2020 年开始举办湖南省教书育人楷模评选活动，湖南日报、新湖南客户端、中国教育报湖南记者站等媒体，以海报、视频、动画等形式立体呈现，教书育人楷模推选活动已然成为湖南教育系统很具关注度的活动之一，有效传播了教育好声音，讲述了教师好故事。特别是省委省政府主要领导亲自出席表彰大会，并为教书育人楷模颁奖，极大地提升了教师的荣誉感。二是师德优先塑造。一个时代有一个时代的先锋，一个行业有一个行业的榜样。湖南坚持将师德师风作为评价教师队伍素质的第一标准，多措并举，齐抓共管，深入实施师德师风建设工程，推进"师德养成教育示范县市区"项目建设，创新教师准入和评价制度，加强师德教育培训，加大优秀师德典型的宣传力度，组织开展"师德巡讲""湖湘师表"等特色活动。充分发挥评价考核"指挥棒"的正向引导作用，突出以师德、能力、业绩和贡献为主的评价导向，制定和不断完善关于建立健全师德建设长效机制的相关制度文件，大力推行师德考核负面清单制度，将师德考核结果作为教师职称评审、岗位聘用、评优评先等工作的重要依据，严肃查处师德失范行为。考核、监督与奖惩相结合的师德建设长效机制得到进一步确立。师德建设长效机制走上制度化、法治化轨道。三是优先为教师"减负"。教师负担过重是近几年湖南省高度关注的重要问题，省政府教育督导办将减轻中小学教师负担工作纳入对市（州）人民政府履行教育职责的督导内容，省教育厅专门下发《关于进一步做好中小学教师减负工作的通知》，开展中小学教师减负专项清理工作。如省级层面经过清理，将市（州）、县（市、区）政府和县级党政主要领导履行教育职责评价，以及推进新时代教育评价改革，加强学生心理健康教育等督导，合并成为教育综合督导1项；省级层面保留的教育评比表彰项目只有省级优秀教师、优秀教育工作者（含湖南省徐特立教育奖、教学成果奖）；重点纠治中小学竞赛活动项目过多过滥现象，2020年面向中小学生的全省性竞赛活动压缩为2项，2021年进一步压缩为1项，从而为广大教师营造潜心教书、潜心育人的良好环境。教师地位待遇有效提升，让教师成为一个热门职业。

地方实践

湘乡市：以尊师新政凝心聚力。一是"高站位"谋划。湘乡市委、市政府坚持教育优先教师优待，将教师队伍建设写入"十四五"规划、教育强市"135"工程等高位统筹，出台湘乡市"1+10"人才新政，专门研制教育人才队伍建设实施办法，优先保障教师待遇和教师奖励经费。二是"直通车"引进。扩大学校用人自主权，对特别优秀或急需紧缺学科的教师，用人单位可以进入师范类院校直接采取考核方式引进。三是"组合式"激励。对引进的学科骨干人才、优秀人才、领军人才每人每年分别保障专家津贴1万到3万元；对评选的市级名教师、名班主任、名校长，每人每月分别安排岗位津贴500至1000元；在每年教师节重奖为提升教育教学质量作出突出贡献的学校、校长和教师。四是"实打实"解难。着力为教师解决子女入学、购房优惠、住房保障等难题，推动全市义务教育教师工资收入不低于公务员平均工资收入水平政策落实落地。①

---

① 湖南省教育厅. 湖南兴起"大抓教育教学 狠抓质量提升"热潮［EB/OL］.（2023-07-23）［2023-07-24］. https：//jyt. hunan. gov. cn/jyt/sjyt/xxgk/jykx/jykx_1/202307/t20230724_1102591. html.

第七节　坚持面向社会，教育服务能力不断强化

习近平在 2014 年 5 月考察河南时第一次提出"新常态"："中国发展仍处于重要战略机遇期，我们要增强信心，从当前中国经济发展的阶段性特征出发，适应新常态，保持战略上的平常心态。"经济发展进入新常态，是党中央审时度势作出的重大战略判断。教育工作始终与党和政府工作大局紧密相连，与国家经济发展密切相关。新常态是教育改革发展的大逻辑，对教育改革发展产生深远影响。2020 年 9 月，习近平在湖南考察时指出："着力打造国家重要先进制造业、具有核心竞争力的科技创新、内陆地区改革开放的高地，在推动高质量发展上闯出新路子，在构建新发展格局中展现新作为，在推动中部地区崛起和长江经济带发展中彰显新担当，奋力谱写新时代坚持和发展中国特色社会主义的湖南新篇章。"为了把习近平总书记为湖南擘画的宏伟蓝图变为美好现实，湖南省委十一届十二次全会提出大力实施"三高四新"战略，并将其作为奋力建设现代化新湖南的总牵引。湖南教育主动适应新常态，推动教育服务进入新常态，提升教育服务能力和贡献能力，紧紧围绕"三高四新"战略、建设现代化新湖南发展愿景，全力开创教育服务湖南高质量发展新局面，教育服务"三高四新"美好蓝图的"施工图"日益清晰。

一、主动服务打造国家重要先进制造业高地

党的十八大以来，湖南敢为人先，抢抓机遇，让一个内陆省份在先进制造业集群培育发展领域跑进全国前列，其中少不了湖南教育的有效助力，同时也为湖南教育高质量发展开拓了巨大想象空间。在这一方面，湖南抓住了两个"牛鼻子"。一是高等教育。高等教育作为知识、技术的生产者和人才的培养者，引领着基础教育和职业教育的办学方向，影响着基础教育和职业教育的发展水平，在促进一个国家和地区从中等收入迈向高收入的过程中发挥着显著作

用。2021 年 6 月，湖南省教育厅印发了《高等教育服务"三高四新"战略实施方案》。该方案以立德树人为根本，以服务高质量发展为主题，以人才供给侧改革和科技创新能力提升为主线，坚定不移贯彻新发展理念，围绕人才培养、科学研究、社会服务、文化传承创新和国际交流合作五个方面制定了十条主要举措，引导高等教育各类要素协同向打造"三个高地"集聚，瞄准先进制造业发展、科技创新和改革开放关键领域，优化创新平台体系，汇聚高层次创新人才，突破一批关键核心技术，加快创新成果转移转化，着力发挥高校对"三高四新"战略的服务支撑作用。在这一战略机遇下，湖南动态调整优化高校学科专业结构，停办一批就业率较低的专业点，增设工业机器人等紧缺专业，集中资源支持 15 个世界一流建设学科和 21 个世界一流培育学科，立项建设 120 个"十四五"重点学科和 100 个应用特色学科。在此基础上，聚集力量在省内高校遴选了 13 个直接服务本省支柱产业、优势产业、战略新兴产业、"三个高地"建设密切相关产业的优势特色学科群，给予重点支持。① 中南大学、湖南大学、湘潭大学、长沙理工大学、湖南科技大学等紧紧围绕轨道交通、新材料、智慧交通、先进制造等领域开展基础、前沿、交叉研究和关键核心技术攻关，取得一系列显著成效。中南大学获批轨道交通领域千万级重大科研项目 5 项、轨道交通与运载技术学科交叉科研项目 2 项（经费达 2 亿元），变形镁合金技术成果作价 2.3 亿元实现落地转化；湖南大学牵头建设潇湘实验室，在岳麓山工业创新中心建设中发挥主体作用，主动对接湖南省 22 个产业集群（产业链），组织力量攻关重大专项；湘潭大学数学与交叉优势特色学科群瞄准企业"卡脖子"技术等发展需求，在智能制造、新材料、电子信息等领域取得重大技术突破；湖南科技大学在海洋矿产资源探采关键技术与智能装备设计上取得重要技术突破，"海牛"系列钻机系统 26 项关键技术实现成果转

---

① 湖南省教育厅. 湖南省重点打造优势特色学科群 服务"三高四新"战略定位和使命任务［EB/OL］.（2023-03-28）［2023-03-29］. http：//jyt. hunan. gov. cn/jyt/sjyt/xxgk/jykx/jykx _1/202303/t20230329_1095302. html.

化，经济价值 1.2 亿元。① 同时，依托国防科技大学、中南大学、湖南大学等重点高校的技术策源优势，在国内率先构建"两芯一生态"技术创新体系，实现对国外"WINTEL"体系的替代，是国内自主安全计算重要技术路线。高校既是拔尖创新人才培养的主阵地，也是科技创新的重要方面军，承担了省内 90% 以上的国家科技重大专项、国家自然科学和社会科学基金项目，并拥有 50% 以上的科研设施和仪器、近 50% 的省级以上科技创新平台，也集聚了全省 80% 以上的科技领军人才。二是职业教育。与区域经济社会协同发展是当前及今后我国职业教育发展的重大战略使命。2021 年 10 月，《教育部 湖南省人民政府关于整省推进职业教育现代化服务"三高四新"战略的意见》正式发布。该意见提出大力实施职业教育"楚怡"行动计划，并在营造职业教育与产业融合发展新生态、树立职业教育服务乡村振兴新标杆、建成职业教育内陆改革开放新高地等三个方面进行了重点安排部署。湖南紧紧抓住部省共建职业教育改革发展高地的契机，从省级开始，推动省市县各级成立由党委、政府领导牵头的职业教育改革高地建设领导小组，加快发展现代职业教育，加快形成整省推进构建职业教育发展空间格局。依托有关职业院校成立了全国性的职业院校精准扶贫、乡村振兴、职业素养、传媒专业等协作联盟和先进装备制造职教集团。在上述政策文件的正确引领下，湖南积极支持先进制造业相关学科专业发展，把发展先进制造业高等教育作为培养先进制造业的重要方式，推动"双一流"建设、"双高计划"建设、卓越高职学院建设、一流本科专业建设点、一流本科课程等重点项目向先进制造业相关高校和专业倾斜，优化高等学校布局和专业设置，遴选建设一批一流本科专业建设点。积极引导高校主动适应国家和湖南经济社会发展需求，主动适应产业转型升级需要，积极增设战略性新兴产业相关专业和社会急需专业。鼓励和引导学位授予单位调整新增区域经济社会发展急需的学位点，主动撤销与本校、本地发展不相适应的学位点。教育

---

① 余蓉. 为实现"三高四新"美好蓝图贡献力量 湖南高校着力打造优势特色学科群 [EB/OL].（2023-05-10）[2023-05-10]. http：//www. hn. chinanews. com. cn/news/2023/0510/472082. html.

与社会的关联度、紧密度得到空前提高。

二、主动服务打造具有核心竞争力的科技创新高地

提高教育服务贡献能力，要求教育界切实将科学研究瞄准国家和社会发展与改革需求实际，着眼于解决技术原创性、创新性等关系国计民生和经济社会发展的关键领域与焦点难点问题。新常态下，传统发展动力不断减弱，创新上升为引领经济发展的第一动力，这就迫切需要大力培养拔尖创新人才，增强自主创新能力，加快科技创新成果向现实生产力转化。湖南充分发挥教育科技创新高地的作用，努力引领和驱动经济创新发展。一是着力加强科技创新平台建设和协同创新。不断优化整合湖南省高校重点实验室、湖南省高校社科重点研究基地，着力开展重点技术领域创新研究，努力培育一批具有自主知识产权的标志性创新成果。岳麓山实验室、岳麓山工业创新中心（实验室）、湘江实验室、芙蓉实验室均由高校牵头组建。截至 2020 年底，湖南全省教育系统共建设 19 个国家重点实验室、14 个国家工程技术研究中心、10 个国家级工程研究中心、27 个教育部重点实验室、20 个教育部工程研究中心、2 个教育部人文社会科学重点研究基地，省部共建"2011 协同创新中心"7 个，数量居于中部六省前列。二是建设优势特色学科群。湖南以直接服务省域支柱产业、优势产业、战略新兴产业的应用学科以及与"三个高地"建设密切相关的优势学科为核心，推进新工科、新医科、新农科和新文科建设，截至 2021 年 9 月底，共获评国家级一流本科专业建设点 320 个，国家级一流本科课程 158 门。湖南既有直接服务于先进制造业高地的应用学科群，也有支撑科技创新高地建设的基础学科群和应用学科群，同时还有服务改革开放高地的人文社会学科群，相关高校和学科均代表了湖南"双一流"建设的最高水平，学科群各具特色，层次分明。三是不断完善科技成果转化机制。深入开展专业化国家技术转移中心建设试点，加强产学研合作示范基地建设，探索高校产学研结合新模式，支持岳麓山大学科技城和高校科技园建设，促进科学研究成果向现实生产力的转化。2022 年 9 月，湖南省教育厅认定湖南大学等 15 所高校为我省首批高等学校科

技成果转化和技术转移基地，进一步提升高校科技成果转化和技术转移水平，不断增强高校服务经济社会发展能力。2016 至 2020 年，湖南全省高校共获得国家自然科学奖、科技进步奖、技术发明奖 91 项，全省普通高校承担的国家自然科学基金、国家哲学社会科学基金等科研项目占全省获批项目数比例超过 90%。2021 年，湖南省内 5 所高校进入全国"双一流"建设序列，最新 ESI（基本科学指标数据库）全球排名前 1% 学科达到 63 个，9 个学科进入前 1‰。2021 年度湖南省科学技术奖励中，湖南省 26 所本科高校作为第一完成单位获奖 182 项，占授奖项目总数的 62.1%。在"卡脖子"技术方面，湖南高校多点突破，国防科技大学突破"卫星抗干扰""系统高精度测量"等"北斗三号"全球卫星导航系统重大技术瓶颈，攻克近百项关键技术；湖南科技大学领衔研发"海牛Ⅱ号"海底大孔深保压取芯钻机系统，达到世界领先水平。同时，产生了华天光电、东映碳材、博云新材、赛诺生物、赛恩斯环保、光琇医疗等一批校企合作的成功范例，高校已成为我省科技成果转化乃至科技创新的主要引擎。

三、主动服务打造内陆地区改革开放的高地

提高教育服务贡献能力，要求进一步深化教育对外开放，营造良好的国际发展氛围和环境。新的时代，湖南教育开放的步伐不断加快。在国际开放方面，湖南不断创新公派出国留学选派机制，鼓励支持高校教师与海外高校开展学术交流和合作研究；积极引进国（境）外优质教育资源，开展高水平中外合作办学；推进来华留学教育内涵建设，推广国际中文教育；加强孔子学院建设，建立汉语教师、汉语志愿者储备制度，鼓励支持各高校积极申报汉语国际教育专业学位点建设。这一系列举措，让全国乃至世界听到了湖南教育故事，看到了湖南教育发展。在区域开放方面，充分利用粤港澳大湾区平台，扩大港澳台学生招生规模，加强国情省情教育，推动与港澳姐妹校开展全方位、深层次交流。在系统开放方面，鼓励相关高校配合高铁、工程机械、养老护理等行业"走出去"，与"一带一路"沿线国家高校共同设立职业培训中心，为"走

出去"企业培养本土化技术和管理员工。比如，早在 2018 年，长沙民政职业技术学院和老挝教体部职业教育发展研究院签订"中老职业教育战略合作协议"，双方创新探索"研、建、育、培"立体化合作模式。支持高校与能源装备、集成电路、人工智能等行业企业共建科教、产教融合研究生联合培养基地，依托高校优势学科、高层次创新平台与企业高水平研发平台深度对接，推动校企多方充分整合运用优质资源，探索培养适应先进制造企业急需的高素质创新人才。更大范围、更宽领域、更深层次、更高水平的教育对外开放，让湖南教育站在了新的历史起点上，迎来了新的发展机遇。

四、主动服务新时代人才强省战略

人才是第一资源，国家发展靠人才，民族振兴靠人才。党的十八大以来，习近平多次强调人才资源是第一资源，指出"当今世界，综合国力的竞争归根到底是人才的竞争、劳动者素质的竞争"。没有人才优势，就不可能有创新优势、科技优势、产业优势。教育肩负着为党育人、为国育才光荣使命，必须要为实现民族伟大复兴奠定坚实的人才基础。过去一段时间湖南处于将沉重的人口负担转化为巨大的人才资源优势的转型期，在"科教兴湘"大背景下，提高劳动力素质是一段时间的重点任务。为此，湖南充分发挥高等教育作为科技第一生产力和人才第一资源重要结合点的优势，增强自主创新能力，培养创新人才，深化产学研合作，注重培养一大批德才兼备的拔尖创新人才，促进科技成果转化为现实生产力。大力实施研究生教育创新工程和专业能力提升工程，主动对接服务"三个高地"，加快高层次专门人才培养步伐，着力为经济社会高质量发展输送专门人才。充分发挥职业教育与经济社会发展联系最紧密、最直接的优势，大力培养生产服务一线急需的技术技能人才，不断提升劳动者素质和创造附加价值的能力，以劳动力的技能升级来支撑产业转型升级。全面实施"六卓越一拔尖"计划 2.0，推进新工科、新医科、新农科、新文科建设，加快培养理工农医类专业紧缺人才。在此过程中，湖南各高校在人才培养方面作出了许多有益探索和实践，比如中南大学实施了"本—博"拔尖创新人才培养计划，从学校本科生及其他"双一流"高校推免的直博生中，选拔优秀学生进入"拔尖创新计划"；湖南大学开设拔尖人才试验班、特色试验班等，探索书院制、导师制、学分制"三制合一"培养模式；湖南工程学院成立了"吉利汽车机电产业学院"等 4 个现代产业学院，开设校企联合开发课程 42 门；湖南信息学院联合企业开发"北斗导航原理"等 30 多门课程，引入企业教学案例100 余个；等等。这些实践经验为开辟新时代人才培养新范式提供了有力支撑，也为湖南经济社会发展提供了人力资源支撑。

乡村要振兴，人才必振兴。乡村振兴需要大批有文化、懂技术、会经营的新型农民，也需要农技、农电、医卫等专业技术人才。湖南不断提升涉农职业院校培养高素质农业农村人才的质量水平，建立健全了遵循乡村振兴带头人成才规律和学习特点的涉农职业教育选才、育才、用才政策机制，为乡村振兴战略提供了坚实的人才支撑。湖南坚持把中职学校办成人力资源开发、农村劳动力转移培训、技术培训与推广、巩固拓展脱贫攻坚成果和高中阶段教育普及的重要基地，同时在大力支持乡村振兴方面不断创新人才培养模式，为基层定向培养医卫、农技、水利、农电等方面的专业技术人才，配合卫生健康、农业农村、水利和国家电网等部门（企业）以及永州、湘潭、岳阳、湘西土家族苗族自治州、株洲等市（州）开展基层专业技术人才定向培养。这些专项计划的有效实施，不仅为乡村振兴提供了源源不断的人才"活水"，更是为农村家庭特别是经济困难家庭学子进入理想学校读书，从而为人生出彩和家庭致富奠定了较好基础。目前，湖南拥有 85 所高职高专院校、495 所中职院校，每年向社会输送技能型人才 23.9 万，初步构建了具有湖湘特色的现代职业教育发展路子，涉及各领域、各层次、各体系，培养的学生动手能力强、就业率高，深受用人单位欢迎。[①] 相对丰厚的人才储备，为现代化新湖南建设提供了强有力的人才支持和智力支撑，为湖南奋力谱写新时代"惟楚有材，于斯为盛"的崭新篇章增添了浓墨重彩的一笔。

---

① 余蓉，孙敏坚. 看湖南职教如何"扬帆出海"［EB/OL］.（2023-09-08）［2023-09-08］. https：//hunan. gov. cn/hnszf/hnyw/sy/hnyw1/202309/t20230908_29479972. html.

第三章　湖南教育体系建设
政策的演变特征

　　《辞海》中对"政策"一词的定义是："国家、政党为实现一定历史时期的任务和目标而规定的行动依据和准则。"[①] 政策的优点是能够及时规范调节国家和公民的一切社会活动，弱点是规范性、权威性、强制性有所欠缺，所以需要法律来强制约束。[②] 教育政策是破解教育问题、化解教育矛盾、确立和调整教育关系的行为准则或措施，是不同历史时期重大教育任务、教育路线以及教育方针的具体体现。十年来，新时代中国特色社会主义教育政策的加速形成，与习近平总书记关于教育的重要论述紧密配合，为推动我国教育现代化事业的发展发挥了重要作用。2016 年 11 月，湖南省第十一次党代会明确提出要建设经济强省、科教强省、文化强省、生态强省和开放强省，即"五个强省"。其中，科教强省是科技强省和教育强省的统称，也是 21 世纪以来特别是"十二五"期间全省深入实施"科教兴湘"和"教育强省"战略实践的提升。2018 年 12 月 24 日，全省教育大会提出要扎实推进教育现代化，建设科教强省，办好人民满意的教育，进一步延承和巩固了教育强省建设的战略思想。2022 年，湖南省委十二届三次全会作出"加快建设教育强省"的决策部署，再次吹响了建设教育强省的号角。紧随其后的是与其相适应的教育政策的不断完善配套和

---

　　① 　辞海 [M]. 上海：上海辞书出版社，1979：3352.
　　② 　张勇. 政治·政策·法律 [N]. 巴中日报，2014-06-24（A5）.

导向引领。实践是教育政策保持生命力和意义实现的根本路径。在十年的伟大实践中，随着教育强省战略的不断推进，湖南教育政策取得了具有战略性、标志性、支柱性意义的突出成绩，湖南教育政策的"四梁八柱"已经基本形成，湖南教育发生了格局性变化，实现了从有质量走向高质量、从基本均衡走向优质均衡、从外延发展走向内涵发展的三个伟大跨越。

第一节　从有质量走向高质量

质量是教育政策追求的价值目标和教育发展的核心主线，教育高质量发展则是经济社会发展新模式、新理念在教育领域的渗透与延伸。党的十九大报告中明确指出，努力让每个孩子都能享有公平而有质量的教育。教育从"广覆盖"向"有质量"迈进，这既是百姓的新期待，也是建设社会主义现代化强国的必然要求。党的十九大提出这一新表述，表明中国经济由高速增长阶段转向高质量发展阶段，这是一种发展模式的重大转型，并影响到教育事业发展，"教育高质量发展"得到越来越多的讨论。党的十九届五中全会审议通过《中共中央关于制定国民经济和社会发展第十四个五年规划和二〇三五年远景目标的建议》，确定"十四五"时期教育事业的主要目标是"建设高质量教育体系"。回顾教育发展历程，我们可以将其分为提质量、有质量、高质量三个阶段，简单来讲就是"有学上""好上学"到"上好学"发展过程。在多种政策文本与语境下，"教育高质量发展""高质量教育体系""高质量教育需求""教育质量标准体系"等被高频使用，逐渐构成了有关教育高质量发展的政策概念谱系。湖南教育政策实践也是始终围绕质量展开，并且逐步从有质量进入了高质量发展阶段，其政策体现主要集中在党的全面领导、高位推动、立德树人和教师队伍建设等方面。

一、始终聚焦加强党对教育事业的全面领导

党政军民学，党是领导一切的。其中，"学"主要指代的是教育。党的十八大以来，习近平高度重视教育工作，就教育改革发展提出一系列新理念新思想新战略，形成了习近平总书记关于教育的重要论述，为新时代教育发展提供根本遵循，推动我国教育取得了历史性成就，发生了历史性变革。实践证明，湖南教育事业发展能够取得显著成效，最根本的就是在以习近平同志为核心的党中央坚强领导下，党对教育事业的全面领导得到全面贯彻，党对教育工作的领导得到全面加强。湖南将党的建设融入立德树人全过程，形成了新时代大中小学抓党建促德育工作的新格局。坚持对教育工作进行提级管理，高规格组建了省委教育工作领导小组，明确省委副书记兼任省委教育工委书记，坚持省委领导联系高校制度，省市县三级普遍建立了以党委副书记任组长的党委教育工作领导小组，加强对重大教育改革事项的顶层设计、统筹协调、推进实施、督促落实。特别是从 2022 年开始，省委教育工委书记由省委副书记担任，进一步强化了党对教育工作的全面领导。湖南教育政策始终把党建工作摆在先导地位，颁发了《湖南省普通高等学校实行党委领导下的校长负责制实施办法》《关于加强中小学校党的建设工作的实施意见》《关于加强民办学校党的建设工作的实施意见（试行）》等系列文件，厘清了党建工作的领导体制和运行机制。坚持强化民办高校党委的政治核心作用，颁发了《湖南省向民办普通高校选派党委书记的实施办法（试行）》等系列文件，推动建立健全学校党委参与决策和监督机制，统一向民办高校选派党委书记（政府督导专员），民办学校党建工作质量不断提升。在政策实践中，积极探索市（州）抓中小学党建工作的新举措，全面开展市（州）中小学党建工作评议评比，将中小学党建工作纳入开学督导内容，指导中小学校健全党建工作制度，督促各地通过调剂或聘任党员教师担任党建指导员，基层党支部全部达到"五化"（支部设置标准化、组织生活正常化、管理服务精细化、工作制度体系化、阵地建设规范化）建设合格标准。至此，湖南全省大中小学党建体系基本确立，党的领导纵到底、横

到边、全覆盖的工作格局基本形成，教育系统成为坚持党的领导的坚强阵地。

二、始终聚焦上位统筹谋划

教育政策属于公共政策范畴，其教育性、公益性、政治性、文化性等特征决定了其内容势必会与社会各方面有密切联系，其政策制定主体也越来越广泛，涉及农业、工业、商业、旅游业、交通运输业等多个行业部门，而随着教育管理和教育决策的民主化和法制化，越来越多的决策主体进入教育决策领域，这个时候的上位统筹就显得尤为重要。党的十八大以来，湖南把教育摆在更加突出的位置，将重大教育决策层级上移。各级党委政府坚决扛起教育优先发展的政治责任，坚持教育事业优先部署、教育经费优先保障、公共资源优先配置教育领域，教育优先发展战略得到全面贯彻，为教育优先发展奠定了体制机制基础。在教育政策方面对优先发展体现得最为明显，十年来，湖南省委省政府制定教育领域的政策近 40 项，比如在推进县域内城乡义务教育一体化改革发展、全面推进一流大学与一流学科建设、"互联网＋教育"行动计划、进一步落实和扩大高校办学自主权、高考综合改革实施方案、加强乡村教师队伍建设等方面出台了一批管全局、管长远的重大政策。

教育政策最显著的一个特征就是具有政治性，政府也会通过教育政策活动传递某种政治精神和价值观，协调教育与其他社会活动的关系，进而促进符合要求的政治秩序的形成。针对人民群众关心的热点难点等现实问题，聚焦教育发展关键领域和薄弱环节，湖南省政府每年都会明确重点任务，全面做好改革统筹谋划，比如，2014 年确定"建立公办学校标准化建设制度和校长教师轮岗交流制度"等 2 项重点，2015 年确定"加强社会主义核心价值体系和中华优秀传统文化教育"等 3 项重点，2016 年确定"制定关于新型城镇化背景下统筹城乡义务教育一体化发展的实施意见"等 8 项重点，2017 年确定"加快高等院校'双一流'建设"等 3 项重点，2018 年确定"深化教育体制机制改革"等 7 项重点，2019 年确定"推进高考综合改革"等 6 项重点，2020 年确定"深化学前教育改革"等 7 项重点工作。这些重点任务中的绝大多数最终的落脚点都是制定政策，也是这些教育政策的有效执行，保证了政府意识的有效贯彻，促进教育高质量发展。同时，强化了政策执行的刚性约束。2012 年，湖南在全国率先建立了县（市、区）党政主要领导教育工作约谈制度，推动各级党委政府优先发展教育事业，研究制定了《湖南省建设教育强省推进教育现代化县市区分类监测方案》，积极开展分类监测。在全国率先实行县级政府教育工作及县级党政主要领导干部教育实绩督导评估考核和督学责任区制度，开展高等学校章程实施情况专项督导。这些举措强化了教育政策的执行力度，确保了政策的有效落地与落实。

三、始终聚焦落实立德树人的根本任务

教育归根结底是培育人，促进人的发展和完善的社会活动。教育的原点在于育人，"实现教育的回归就要使教育真正站到人的立场上来，以人之生成、完善为基本出发点，将人的发展作为衡量的根本尺度，用人自我生成的逻辑去理解和运作教育"[①]。新时代对广大学生思想道德素质提出了更高要求，习近平在全国教育大会上指出，"培养德智体美劳全面发展的社会主义建设者和接班人"。我们的教育必须把培养社会主义建设者和接班人作为根本任务，培养一代又一代拥护中国共产党领导和我国社会主义制度，立志为中国特色社会主义奋斗终生的有用人才。在这一思想的指导下，湖南教育政策体系之中，始终贯穿落实立德树人的根本任务，在发展规划、综合改革、专项制度等方面，都将立德树人摆在第一位置。既有宏观顶层设计，比如 2015 年出台《关于培育和践行社会主义核心价值观进一步加强中小学德育工作的指导意见》，从工作重点、实现途径、保障机制等方面对新阶段加强中小学德育工作作出了全面部署；也有针对薄弱环节的查漏补缺与强化，比如《湖南省教育厅关于加强新时代中等职业学校德育工作的意见》《关于全面落实研究生导师立德树人职责的实施意见》，有效解决了中等职业学校德育不够重视、研究生导师落实

---

① 鲁洁. 教育的原点：育人 [J]. 华东师范大学学报（教育科学版），2008（4）：15-22.

立德树人职责不清等突出问题。这些都将"培养什么人""怎样培养人"的要求具体化了。人民有信仰，国家有力量，民族有希望。社会主义核心价值观是当代中国精神的集中体现，是全体人民共同的价值追求。湖南教育政策把培育和践行社会主义核心价值观作为各级各类学校落实立德树人根本任务的首要工作。党的十八大以来，湖南教育系统积极推动学校思想政治工作改革创新，充分借助"十步之内，必有芳草"的丰富红色教育资源，加快构建"三全育人"大格局，将"五育"并举要求落实在各科课堂教学之中，渗透在校园生活各环节，延伸到学生发展各方面，在全国率先实施大学生思想道德素质提升工程，深入实施高校思想政治工作质量提升工程，扎实推进教育部"三全育人"综合改革试点省建设，持续推进习近平新时代中国特色社会主义思想进学术、进学科、进课程、进培训、进读本，坚定不移用党的创新理论铸魂育人，目标明确、内容完善、标准健全、运行科学、保障有力的思想政治工作体系加快形成。

落实立德树人的根本任务，离不开教育政策的精准发力和系统推动。2018年全国教育大会上，习近平总书记要求把劳动教育纳入培养社会主义建设者和接班人的总体要求之中，明确提出构建德智体美劳全面培养的教育体系。湖南对德智体美劳育人体系的政策构建相对醇熟，2013年制定了《关于进一步加强全省各级各类学校体育、艺术、健康和国防教育课程建设的意见》，2017年制定了《湖南省人民政府办公厅关于全面加强和改进学校美育工作的实施意见》，2022年初，省委办公厅、省政府办公厅印发《湖南省学校体育美育教师配备和场地器材建设三年行动计划（2021—2023年）》，这些政策对体育美育从顶层规划到基础条件保障等进行全方位设计。2021年，《中共湖南省委 湖南省人民政府关于全面加强新时代大中小学劳动教育的实施意见》针对大中小学各学段的不同特点，上下贯通、一体衔接进行总体设计，并且将大中小学生劳动素养发展状况指标纳入劳动教育监测评价系统，将劳动素养纳入学生综合素质评价体系，将实施劳动教育情况纳入教育督导范围，做到了劳动教育落实生效、长远发展的两大抓手齐头并进，打开了"五育"并举新局面。湖南历来高度重视学生心理健康教育，早在 2015 年就制定了关于贯彻落实教育部《中小学心理健康教育指导纲要（2012 年修订）》的实施意见，从基本原则、目标内容、实施途径、教师队伍、心理辅导室、研究管理等方面对加强全省中小学心理健康教育工作提出了明确要求。2020 年，心理健康教育得到了空前发展，中共湖南省委办公厅、湖南省人民政府办公厅印发《关于加强新时代学生心理健康教育的意见》，这是首次以省"两办"名义印发的关于学生心理健康教育的文件。文件明确规定，"同级财政按年生均 10 元的基准定额单列经费"，要求"到 2022 年，在校学生 1000 人左右的中小学校和所有乡镇中心学校全面建成标准化心理辅导室"，"到 2022 年，各地在现有中小学学校总编制内，原则上按师生比不低于 1∶1000 为所有城区中小学校和乡镇中心学校配齐专职心理健康教育教师"，"高校在现有编制内，按师生比不低于 1∶4000 配备专职心理健康教育教师且每校至少 2 名，确保在编在岗"。正是这份带着温度的政策文件，将湖南学生心理健康教育推向了新的发展高度，确保了学生心理健康教育资金有支持、课程有要求、队伍有保障。上述政策大多都是以省委省政府名义印发，推进力度是前所未有的，随着新时代劳动教育、体育、美育和心理健康教育等重大文件相继出台，湖南德智体美劳全面培养的育人体系的政策保障体系基本形成。

四、始终聚焦教师队伍建设

教师是立教之本，兴教之源。2017 年 11 月 20 日，习近平总书记主持召开十九届中央全面深化改革领导小组第一次会议，审议通过《关于全面深化新时代教师队伍建设改革的意见》。该意见是新中国成立以来中央第一次专门出台面向教师队伍建设的文件，把教师队伍建设改革放在优先发展的战略地位，具有重大的历史和现实意义。根据中央文件精神，湖南出台了《中共湖南省委湖南省人民政府关于全面深化新时代教师队伍建设改革的实施意见》，对新时代教师队伍建设作出顶层设计，同时相继出台加强乡村教师队伍建设的意见、中小学教师违反职业道德行为处理实施办法等政策文件，促进多维质量增值型教师专业发展。中小学教师资格考试和定期注册制度改革等一系列重大改革举措，重点聚焦了思想政治素养提升、专业素质提升、管理体制改革、地位待遇提高等四个方面，推动健全教师培养培训体系，畅通职业发展通道，建立事权人权财权相统一的教师管理体制，完善待遇提升保障机制，教师职业吸引力明显增强，教师队伍规模、结构及素质能力基本满足了全省各级各类教育发展需要，使湖南教师队伍的规模数量和整体素质都有了全面提升。根据《湖南教育规范性文件汇编》（2013—2021 年）统计，有关教师的规范性文件高达 63 项，占总规范性文件数量的 21%（表 3-1）。这充分说明了湖南对教师队伍建设始终保持高度关心，与湖南尊师重教的优良传统有着密不可分的关系。

表 3-1　《湖南教育规范性文件汇编》（2013—2021 年）有关教师的
相关政策统计

年度	政策名称	数量
2013	《中共湖南省委湖南省人民政府关于对武陵山片区农村基层教育卫生人才发展提供重点支持的若干意见》（湘发〔2013〕3 号）； 《关于做好服务期满特岗教师转为正式教师工作的通知》（湘教发〔2013〕13 号）； 《湖南省教育厅等五部门关于印发〈湖南省边远贫困地区、民族地区和革命老区人才支持计划教师专项计划实施方案〉的通知》（湘教通〔2013〕559 号）； 《关于印发〈利用网络学习空间创新农村中小学"音体美健"学科教学实施方案〉和〈湖南省第二届中小学体育、音乐、美术和健康教育教师网络课程资源评优活动组织方案〉的通知》（湘教通〔2013〕529 号）； 《关于印发〈湖南省高等学校教师系列高级专业技术职务评审实施细则（试行）〉的通知》（湘教发〔2013〕5 号）； 《关于印发〈2013—2017 年湖南省普通高等学校辅导员培训规划〉的通知》（湘教工委发〔2013〕11 号）	6

续表 1

年度	政策名称	数量
2014	《湖南省人民政府办公厅关于做好原中小学民办教师和代课教师生活困难补助发放工作的通知》（湘教发〔2014〕101 号）； 《关于加快推进农村学校教职工公租房建设的实施意见》（湘教发〔2014〕44 号）； 湖南省教育厅等五部门关于印发《湖南省边远贫困地区、民族地区和革命老区人才支持计划教师专项计划人员和经费管理办法》《湖南省边远贫困地区、民族地区和革命老区人才支持计划教师专项计划支教协议书》的通知（湘教发〔2014〕51 号）； 《关于开展湖南省第九批特级教师评选工作的通知》（湘教通〔2014〕470 号）； 《关于印发〈湖南省特级教师评选标准（试行）〉的通知》（湘教发〔2014〕57 号）； 《关于印发〈湖南省关于教育部直属师范大学免费师范生违约处理办法〉的通知》（湘教发〔2014〕25 号）； 《关于印发〈湖南省特岗教师招聘考试（笔试）考务工作细则〉的通知》（湘教通〔2014〕170 号）； 《关于印发〈湖南省特岗教师招聘考试（面试）考务工作细则〉的通知》（湘教发〔2014〕31 号）； 《关于印发〈湖南省农村义务教育阶段学校教师特设岗位计划招聘办法〉的通知》（湘教发〔2014〕9 号）	9
2015	《关于印发〈湖南省普通高等学校中青年骨干教师国内访问学者项目实施办法〉的通知》（湘教发〔2015〕18 号）； 湖南省教育厅关于印发《湖南省特岗教师招聘考试（面试）考务工作细则》的通知（湘教发〔2015〕38 号）； 湖南省教育厅关于印发《湖南省中小学教师资格考试和定期注册制度改革工作方案及实施细则〉的通知（湘教发〔2015〕39 号）； 《关于印发〈湖南省中小学教师资格考试面试工作实施细则（试行）〉的通知》（湘教通〔2015〕539 号）； 《关于推进县（市、区）域内义务教育学校校长教师交流轮岗工作的意见》（湘教发〔2015〕51 号）	5

续表 2

年度	政策名称	数量
2016	《关于做好 2016 年初中起点专科层次农村小学、幼儿园教师公费定向培养市州项目计划实施工作的通知》（湘教发〔2016〕29 号）； 《关于做好 2016 年高中（中职）起点本科层次农村中等职业学校专业课教师公费定向培养计划招生工作的通知》（湘教发〔2016〕22 号）； 《关于做好 2016 年初中起点本科层次农村初中教师公费定向培养计划招生工作的通知》（湘教发〔2016〕23 号）； 《关于做好 2016 年初中起点本科层次农村小学教师公费定向培养计划招生工作的通知》（湘教发〔2016〕24 号）； 《关于做好 2016 年初中起点本科层次农村幼儿园教师公费定向培养计划招生工作的通知》（湘教发〔2016〕25 号）； 《关于做好 2016 年高中起点本科层次农村小学教师公费定向培养计划招生工作的通知》（湘教发〔2016〕21 号）； 《关于做好 2016 年初中起点专科层次农村小学、幼儿园教师公费定向培养省级项目计划招生工作的通知》（湘教发〔2016〕26 号）； 《关于做好 2016 年初中起点专科层次农村特殊教育教师公费定向培养计划招生工作的通知》（湘教发〔2016〕28 号）； 《关于做好 2016 年初中起点本科层次农村小学教师公费定向培养计划招生工作的通知》（湘教发〔2016〕24 号）； 《关于做好 2016 年怀化市农村教学点教师公费定向委托培养计划实施工作的通知》（湘教发〔2016〕30 号）； 《关于做好有关免费师范毕业生教师资格及履约管理工作的通知》（湘教通〔2016〕421 号）； 《湖南省高等学校教师系列专业技术职称（职务）评审工作改革实施方案（试行）》（湘教发〔2014〕58 号）； 《湖南省〈严禁中小学校和在职中小学教师有偿补课的规定〉实施方案》（湘教发〔2016〕50 号）	13

续表 3

年度	政策名称	数量
2017	《关于做好 2017 年高中起点本科层次农村小学教师公费定向培养计划招生工作的通知》（湘教发〔2017〕13 号）； 《关于做好 2017 年高中（中职）起点本科层次农村中等职业学校专业课教师公费定向培养计划招生工作的通知》（湘教发〔2017〕14 号）； 《关于做好 2017 年初中起点本科层次农村初中教师公费定向培养计划招生工作的通知》（湘教发〔2017〕15 号）； 《关于做好 2017 年初中起点本科层次农村小学教师公费定向培养计划招生工作的通知》（湘教发〔2017〕16 号）； 《关于做好 2017 年初中起点本科层次农村幼儿园教师公费定向培养计划招生工作的通知》（湘教发〔2017〕17 号）； 《关于做好 2017 年初中起点专科层次农村小学、幼儿园教师公费定向培养省级项目计划招生工作的通知》（湘教发〔2017〕18 号）； 《关于做好 2017 年初中起点专科层次农村小学男教师公费定向培养计划招生工作的通知》（湘教发〔2017〕19 号）； 《关于做好 2017 年初中起点专科层次农村特殊教育教师公费定向培养计划招生工作的通知》（湘教发〔2017〕20 号）； 《关于做好 2017 年湖南省初中起点专科层次农村小学教师公费定向扶贫培养计划招生工作的通知》（湘教发〔2017〕21 号）； 《关于做好 2017 年初中起点专科层次农村小学、幼儿园教师公费定向培养市州项目计划实施工作的通知》（湘教发〔2017〕22 号）； 《关于做好 2017 年初中起点专科层次农村小学教学点教师公费定向培养市州项目计划实施工作的通知》（湘教发〔2017〕23 号）	11
2018	《关于做好 2018 年高中（中职）起点本科层次农村教师公费定向培养计划招生工作的通知》（湘教发〔2018〕16 号）； 《关于做好 2018 年初中起点农村教师公费定向培养计划招生工作的通知》（湘教发〔2018〕17 号）； 关于印发《湖南省深化高等学校教师系列专业技术职称（职务）评审制度改革工作实施方案（试行）》的通知（湘教发〔2018〕2 号）； 关于印发《关于进一步加强普通高校辅导员队伍建设的实施意见》的通知（湘教工委发〔2018〕7 号）	4

续表 4

年度	政策名称	数量
2019	《湖南省人民政府关于加强乡村教师队伍建设的意见》（湘政发〔2019〕18号）； 湖南省教育厅关于印发《湖南省芙蓉教学名师支持计划实施办法（试行）》的通知（湘教发〔2019〕15号）； 湖南省教育厅关于印发《湖南省"芙蓉学者奖励计划"实施办法（修订）》的通知（湘教发〔2019〕14号）； 《湖南省教育厅关于做好2019年初中起点农村教师公费定向培养计划招生工作的通知》（湘教发〔2019〕20号）； 《湖南省教育厅关于做好2019年高中（中职）起点本科层次农村教师公费定向培养计划招生工作的通知》（湘教发〔2019〕21号）； 湖南省教育厅关于印发《关于全面落实研究生导师立德树人职责的实施意见》的通知（湘教发〔2019〕23号）； 湖南省教育厅关于印发《湖南省农村义务教育阶段学校教师特设岗位计划招聘办法》的通知（湘教发〔2019〕9号）； 湖南省教育厅关于印发《湖南省中小学教师违反职业道德行为处理实施办法（试行）》的通知（湘教通〔2019〕270号）	8
2020	《关于做好2020年初中起点乡村教师公费定向培养计划招生工作的通知》（湘教发〔2020〕18号）； 《关于做好2020年高中（中职）起点本科层次乡村教师公费定向培养计划招生工作的通知》（湘教发〔2020〕20号）； 《关于开展湖南省第十一届特级教师评选工作的通知》（湘教通〔2020〕123号）； 关于印发《湖南省师范生公费教育实施办法》的通知（湘教发〔2020〕41号）	4
2021	湖南省教育厅《2021年湖南省农村义务教育阶段学校特设岗位计划教师招聘公告》（湘教通〔2021〕78号）； 湖南省教育厅《关于做好2021年初中起点乡村教师公费定向培养计划招生工作的通知》（湘教发〔2021〕21号）； 湖南省教育厅《关于做好2021年高中（中职）起点本科层次乡村教师公费定向培养计划招生工作的通知》（湘教发〔2021〕22号）	3
合计		63

从上述统计可以发现，湖南对乡村教师队伍建设给予了高度的关注。湖南乡村教师建设经历了"大规模扩张""数量稳定""专业合格""高素质发展"几个阶段。经过多年的政策探索，湖南乡村教师队伍培养培训体系基本形成。在教师教育体系方面，"健全以师范院校为主体、高水平非师范院校参与、优质中小学（幼儿园）为实践基地的开放、协同、联动的中国特色教师教育体系"。在教师补充体系方面，"采取到岗退费或公费培养、定向培养等方式，吸引优秀青年踊跃报考师范院校和师范专业"。深入推进县域内义务教育学校教师、校长交流轮岗，实行教师聘期制、校长任期制管理，推动城镇优秀教师、校长向乡村学校、薄弱学校流动。深入实施乡村教师支持计划、银龄讲学计划、援藏援疆万名教师支教计划。在教师培训体系方面，开展中小学教师全员培训，促进教师终身学习和专业发展。逐步推进县级教师发展机构建设与改革，实现培训、教研、电教、科研部门有机整合。依托全国教师管理信息系统，加强在职教师培训信息化管理，建设教师专业发展"学分银行"。在师德师风建设方面，湖南始终将教师的思想政治素质和师德水平作为对教师的第一要求，先后出台《湖南省中小学教师违反职业道德行为处理实施办法（试行）》《湖南省高校教师违反职业道德行为处理实施办法》《关于进一步加强师德师风建设有效预防中小学生遭受侵害的指导意见》，师德建设步入制度化、规范化、法治化轨道。

第二节　从基本均衡走向优质均衡

均衡的实质就是为了增进和实现公共教育利益最大化，也是教育政策活动的根本目的。从历史和现实来看，教育政策对教育利益的分配和调整主要集中在纵向的阶级或阶层之间的教育利益分配和横向的具体利益间的教育利益分配，综合来讲主要是城乡之间、区域之间、群体之间的教育利益分配。党的十八大将原来的"促进义务教育均衡发展"确定为"均衡发展九年义务教育",把均衡由一般的工作导向变为工作任务。党的十九大则明确了"推动城乡义务教育一体化发展"这一推动义务教育均衡发展的关键举措。党的二十大明确提出"加快义务教育优质均衡发展和城乡一体化","优质均衡"成为"十四五"时期乃至更长一段时间教育发展的主旋律。湖南坚持把教育公平作为教育的基本理念和价值参照,把均衡作为保障教育公平的基本教育政策,资源均衡政策、结构均衡政策和格局均衡政策"三位一体",共同构成了湖南教育优质均衡发展的政策体系,从而推动更高水平、更高质量的均衡。用十年左右时间,从"有学上"后又实现了义务教育县域基本均衡,区域、城乡、校际、群体之间的教育发展差距大幅缩小,全面打赢教育脱贫攻坚战,义务教育阶段辍学问题得到历史性解决,人民受教育权得到切实保障,人民群众教育获得感明显增强。

一、区域教育资源均衡政策:构建县域城乡一体发展格局

义务教育是人的社会化和知识能力习惯养成,以及接受更高水平教育,获得更大发展的重要基础,事关每一社会群体和个体的生活质量与发展水平,在整个国民教育体系中具有基础性地位,因而也就成为教育工作的重中之重,是国家必须保障并优先发展的公益性事业和基本公共事业,也是脱贫攻坚的基础性事业。城乡义务教育是在城市和乡村不同自然地理和人文环境中实施的义务教育,本质上没有任何差异。推进义务教育均衡发展,着力提升农村学校和薄弱学校办学水平是过去十年间湖南义务教育发展的主旋律。湖南按照"两个围绕"的基本思路,即围绕办好每一所义务教育学校,围绕保障每一个适龄儿童少年平等享有接受义务教育的机会,合理配置义务教育资源,强化保障措施,全面提高教育均衡发展水平。过去十年,湖南城乡基本公共教育服务均等化加快推进。2017年,湖南省政府出台《关于统筹推进县域内城乡义务教育一体化改革发展的实施意见》,确立了城乡二元结构壁垒基本消除、义务教育与城

镇化发展基本协调、大班额基本消除等建设目标。2019年，出台了《关于深化教育教学改革全面提高义务教育质量的实施意见》。2020年，出台了《关于进一步加强乡村小规模学校建设和管理的意见》等政策文件，建立了县域内城乡义务教育一体化改革发展情况专项督导制度和通报约谈制度，为进一步缓解教育城乡二元结构矛盾和大班额等问题提供了政策支撑。

教育发展水平如何，不仅要看城市，更要看乡村。在一系列重大教育政策的精确指导下，湖南县域城乡一体发展格局的政策构建逻辑逐步清晰，其发力点主要落在三个方面。一是着力推动办学条件的均衡。按照"合格即均衡"的发展思路，以义务教育合格学校建设为突破口，通过"全面改薄"计划全面改善义务教育薄弱学校基本办学条件，逐步缩小城乡学校办学差距。二是着力推动师资配置的均衡。通过定向公费师范生培养、特岗计划的实施，解决农村教师补充难的问题。三是着力推动优质教育资源均衡。通过对口帮扶、协作同盟、捆绑发展、委托管理等多种模式，积极推进学区制办学、学校联盟办学，扶持薄弱学校，提升办学质量，使农村孩子享受更多优质资源。随着对乡村教育的倾斜支持力度的不断加大，2020年，湖南全省整体顺利通过国家县域义务教育基本均衡发展评估认定。随后，湖南省委省政府办公厅出台《关于进一步推动全省城乡义务教育优质均衡发展若干政策的意见》，标志着湖南义务教育优质均衡发展进入了快车道。

需要指出的是，在人类社会演进过程中，一种新技术的出现，无论是语言、文字、蒸汽机、电子技术、计算机技术，还是移动通信技术，都不可避免地迫使人类的生活、工作、学习发生革命性的变化。当前，互联网、大数据、区块链、人工智能、5G通信等多种信息技术正引领人类社会进入新时代。湖南在推进城乡一体发展过程中，信息技术对弥合城乡教育数字鸿沟起到了巨大作用。2015年，湖南印发《关于进一步加强教育信息化"三通工程"建设与应用的指导意见》，推出"宽带网络校校通""优质资源班班通""网络学习空间人人通"的标志性工程，对乡镇以下学校和教学点进行了重点倾斜支持。

2019 年，湖南印发《湖南省"互联网＋教育"行动计划（2019—2022）》，率先在全国成功探索出政府引导、企业参与、学校应用、服务驱动的教育信息化建设新路子。截至 2021 年底，已建成 22 个农村网络联校实验县、100 所芙蓉学校网络联校、540 所区域网络联校、7000 余个教学点新型资源课堂，有效促进教育优质均衡发展。

二、教育体系结构均衡政策：促动形成教育体系协调发展新局

湖南省教育厅原厅长肖国安曾指出，整个国民教育体系大致可分为认知教育、职业教育和科学教育三大阶段，不同阶段教育的质量内涵和要求不同。认知教育对应义务教育到普通高中教育阶段，其教育质量主要体现在学生对知识的理解、掌握和运用上，主要任务是让学生掌握人生所必备的基本知识，树立正确的价值观念，养成良好的道德品行。职业教育对应中职、高职、本科以及硕士研究生教育阶段，主要任务是让学生学习职业技能，提高职业素养，增强就业能力和社会适应能力。科学教育对应博士研究生教育阶段，主要任务是促进学生提高科学素养，提升创新能力。再进一步细化分段，则可分为学前教育、义务教育、普通高中阶段教育、本科教育以及研究生教育。十年来，湖南坚持不断优化教育结构，推动各级各类教育协调发展，分段教育到终身教育的发展理念得到稳固。有一段时间，湖南教育存在中间强、两头弱的现象，学前教育和特殊教育是湖南整个教育体系中的薄弱环节，难以适应经济社会发展和人民群众日益增长的需求；职业教育、高等教育学科与专业结构难以适应经济社会发展需要，人才培养质量与水平有待进一步提高；基础教育相对而言发展比较充分。教育政策颁布的数量与政府对教育的重视是直接相关的。根据统计，2013 至 2021 年间，《湖南教育规范性文件汇编》中统计的相关教育政策，综合类教育政策文件占比 35.67％，基础教育领域政策文件占比 31.33％（表3-2），职业教育与成人教育领域政策文件占比 11.67％，高等教育领域政策文件占比 21.33％，从中可以明显看出，过去一段时间，在教育政策的关注度上基础教育相对得到了更高程度的关照，而职业教育与成人教育相对来说滞后于基础教育。

表 3-2　湖南省教育规范性文件统计表（2013—2021 年）

类别	综合	基础教育	职业教育与成人教育	高等教育	合计
2013 年	33	11	4	12	60
2014 年	11	17	2	3	33
2015 年	4	10	6	6	26
2016 年	16	10	4	2	32
2017 年	15	7	0	7	29
2018 年	7	13	0	8	28
2019 年	9	12	11	9	41
2020 年	7	8	3	8	26
2021 年	5	6	5	9	25
合计（占比/%）	107（35.67）	94（31.33）	35（11.67）	64（21.33）	300

　　进入新时代，高低端教育层级逐步扩大，学前教育、高等教育得到了明显发展。学前教育方面，党的十八大将十七大提出的"重视学前教育"变为"办好学前教育"，意味着学前教育不仅要积极发展、加快普及，而且要科学保教、办出水平，促进儿童"快乐生活、健康成长"。2016 年，湖南颁布《湖南省中小学幼儿园规划建设条例》，这是该领域全国首部省级地方性法规，连续实施三期学前教育三年行动计划，推进农村公办幼儿园建设，开展城镇小区配套幼儿园治理，学前教育得到了蓬勃发展。在职业教育方面，湖南省委省政府先后出台了《关于加快发展现代职业教育的决定》《关于深化产教融合的实施意见》《湖南省职业教育改革实施方案》，省教育厅等厅局委联合印发了《湖南省现代职业教育体系建设规划（2014—2020 年）》《湖南省职业学校校企合作促进办法》《湖南省职业学校学生实习管理实施细则》等政策文件，职业教育基本形成了以高职学院为龙头、中职学校为主体的职业教育体系。党的十八大将过去"加快普及高中阶段教育"的表述调整为"基本普及高中阶段教育"，把工作态度变为工作目标。按照这一目标要求，湖南深入推进普通高中教育普及攻坚，

制定了《关于开展普及高中阶段教育改革的指导意见》《湖南省高中阶段教育普及攻坚计划（2018—2020年）》，2020年和2021年，县域高中发展问题连续两年被写入政府工作报告，并且明确提出要"加强县域普通高中建设"，引导初中生合理分流，推动普通高中和职业教育协调发展，并把普及高中阶段教育纳入湖南省全面建成小康社会的重要考核指标，作为对市州考核和对县级政府"两项督导评估"的核心内容。这些举措都是在力图为普通高中教育持续、协调、健康发展注入强大动力，解决县域高中发展瓶颈问题，全面提高县域高中教育质量。正是这些政策举措的有效实施，让湖南普通高中教育进入了以内涵发展、提高质量为重点的发展新阶段。

三、教育发展格局均衡政策：推动服务社会发展大局

在城镇化加速发展阶段，人口流动成为大势所趋，随着全面二孩政策的实施，学龄人口规模和分布发生较大变化，对教育供给、布局和结构提出了新的要求。在教育政策的引导规范下，湖南中小学校布局和各类教育层次结构明显优化，区域集聚、协同高效的教育布局基本形成。在基础教育方面，统筹城乡教育布局，促进城乡教育协调发展，主动适应新型城镇化和农业现代化的需要成为湖南义务教育政策调控的重点。湖南出台了《关于进一步规范农村义务教育学校布局调整的意见》，以保障学生就近入学需要为导向，合理确定学校服务半径，严格按规定撤并与恢复学校，较好地处理好了提高教育质量和方便学生就近上学的关系，建立完善教育优先布局机制，形成城乡建设规划和资源配置优先安排教育的格局。在高等教育方面，湖南加强了规划引领，深化高等教育供给侧结构性改革，引导高校发挥自身学科和区域优势，瞄准战略性新兴产业的发展、传统产业的改造升级、社会建设和公共服务领域对新型人才的需求等，合理调整学科专业设置。尤其是对薄弱区域给予差异化的政策支持，大力扶持地方高校建设发展，在全国率先形成了各市（州）均设有一所以上本科院校、一所以上高等职业学院的办学格局，为高等教育尤其是职业教育培养更多的技能型应用人才与创新型拔尖人才奠定了坚实基础。在职业教育方面，《国

家职业教育改革实施方案》明确要求新时代职业教育实现"三个转变",在办学模式上由政府举办为主向政府统筹管理、社会多元办学的格局转变,建构"职业院校＋培训机构＋行业组织＋职教集团＋现代学徒制"等多样化的办学格局。湖南积极响应并实施这一方案,探索形成了政府主导、行业企业和社会力量共同参与的职业教育多元化办学格局。为此,湖南出台了《湖南省农村中等职业教育攻坚计划(2014—2016年)》,要求每个县(市、区)政府要重点办好一所示范性(骨干)公办中等职业学校,形成普职协调发展的高中阶段教育布局。2018年出台的《湖南省高中阶段教育普及攻坚计划》,对优化高中阶段教育结构布局进行的重点部署,旨在落实中等职业学校和普通高中招生大体相当的要求,方便学生在县域内就学,提高中等职业教育招生比例。构建了主要行业和每个市(州)至少设置一所高职院校,每个县(市、区)重点举办一所公办中职学校,每个行业和市(州)举办一所以上高职院校的职业教育布局。此外,学习型社会已成为共识,全民学习已成为潮流,终身学习"立交桥"初步构建,为所有学习者提供了多种多样、多层次的选择机会,较好地满足了个人多样化、个性化的学习发展需求。

第三节　从外延发展走向内涵发展

教育外延式发展向内涵式发展转变,是全国和湖南教育改革发展的阶段性的逻辑事实以及据此而来的战略选项,也是教育发展到新阶段的必然要求。过去很长一个时期,政府花了不少精力和财力用于扩大办学规模,建新校区,买新设备,这在当时是必要的,也是教育发展的必经阶段。进入新时代,教育发展主要任务已经由"有学上"转变为"上好学",这就要求我们把工作思路、政策措施、条件资源从外延扩张转到内涵发展上来。不同层次和类型的教育,其内涵发展任务也不尽相同。

一、学前教育的时代内涵：重在提高普及普惠程度

很长一段时间，湖南都是在花更多的精力抓普惠性和提高保教质量。为着力解决"入园难""入园贵"问题，满足人民群众对学前教育的需求，湖南省人民政府早在 2011 年就下发了《关于加快学前教育发展的意见》，实施了科学规划幼儿园建设、大力发展公办幼儿园和普惠性民办幼儿园、支持多种体制幼儿园发展、规范发展小区配套幼儿园、实施优质幼儿园创建工程等加强学前教育资源建设的五项重点措施，以期"构建覆盖城乡、布局合理的学前教育公共服务体系"。2016 年，湖南省第十二届人民代表大会常务委员会第二十一次会议通过了《湖南省中小学校幼儿园规划建设条例》，该条例要求："设区的市、县（市、区）人民政府进行新区开发、旧城改造引导配套建设中小学校、幼儿园。"这加速了学前教育资源供给。2019 年，湖南省教育厅等七部门印发《湖南省城镇小区配套幼儿园治理工作方案》，聚焦小区配套幼儿园规划、建设、移交、办园等环节存在的突出问题并对其开展治理，进一步提高学前教育公益普惠水平。2022 年，湖南省教育厅等九部门联合印发了《湖南省学前教育发展提升行动计划（2022—2025 年）》，对优化普惠性资源布局进行了重点强调，其主要目的就是防止乡镇拥挤、乡村闲置现象的出现，总体目标也是围绕健全学前教育公共服务体系、完善普惠性学前教育保障机制来展开。值得注意的是，此时幼儿园与小学科学衔接问题也开始进入了决策层的重点视域。

二、义务教育的时代内涵：重在解决城镇大班额和农村学校薄弱等突出问题

为解决问题而发出的时代的声音是政策之基。有一段时期，城镇大班额和农村学校薄弱的问题成为湖南教育高质量发展的两大"拦路虎"。而消除义务教育大班额问题是党中央、国务院的明确要求，也是湖南省委省政府向全省人民作出的庄严承诺，更是重要的民生实事项目。2017 年，湖南省人民政府贯彻落实《关于统筹推进县域内城乡义务教育一体化改革发展的实施意见》，大

班额消除计划作为一项重要工作举措予以呈现，要求"到 2018 年基本消除 66 人以上超大班额，到 2020 年基本消除 56 人以上大班额"。为了确保大班额消除计划的有效实施，湖南省人民政府办公厅随之下发了《关于开展消除大班额专项行动的通知》，明确了建好配套学校、完善教师补充机制、引导学生合理流动、加强招生管理等四个方面的政策举措，也预示着湖南全面开启了大班额消除计划。2018 年，省政府又将基本消除超大班额列入政府工作报告，作为全省 12 件重点民生实事工程之一，安排 19 亿元资金，强力推进此项工作。同年，湖南省教育厅出台了《关于公布 2018 年基本消除义务教育超大班额工作任务的通知》《关于做好义务教育阶段民办学校消除大班额工作的通知》《关于编报消除义务教育大班额工作实施方案的通知》和《关于加强中小学招生管理做好消除大班额有关工作的通知》，指导与督促各地按照"一地一策""一校一策"的原则编制工作实施方案，引导学生合规合理流动，确保消除大班额工作平稳有序推进。2018 年底，湖南基本消除了义务教育超大班额。与城镇大班额化解相对应的，是湖南 2014 至 2018 年全面推行的"全面改薄"。2014 年 7 月，湖南省教育厅联合省发改委、省财政厅印发《关于全面改善贫困地区义务教育薄弱学校基本办学条件的实施意见》，明确了保障基本教学条件、改善学校生活设施、办好必要的教学点、妥善解决县镇学校大班额、推进农村学校教育信息化、提高教师队伍素质等五大重点任务，每一项重点任务都直指当时贫困地区教育薄弱问题，做到了区域范围全覆盖、薄弱学校全覆盖、基本办学条件改善全覆盖，也由此拉开了湖南"全面改薄"的大幕。几乎同一时间，湖南省教育厅联合省发改委、省财政厅印发了《全面改善贫困地区义务教育薄弱学校基本办学条件实施方案》，全省 122 个县（市、区）全部纳入"全面改薄"范围，分三个层次进行分类支持。一类项目县主要是 51 个集中连片特殊困难县、国扶县、省扶县和少数民族县，获得了 60% 左右的资金支持；二类项目县是 48 个财力较薄弱的县（市、区），获得了 35% 左右的资金支持；其余 23 个财力状况较好的县（市、区）作为三类项目县，获得了 5% 左右的资金支持。2018 年，湖南顺利完成了"全面改薄"任务，为增强贫困地区发展后劲、缩小城乡和区域差距、推动义务教育均衡发展奠定了坚实基础。

三、普通高中教育的时代内涵：重在抓质量

　　普通高中教育同质化现象严重，以高考升学率为唯一追求目标，让其失去了办学特色，也忽视了教育质量的提升。高考招生制度的深化改革，为普通高中的转型发展提供了很好的契机。湖南紧跟国家步伐，稳步推进高考综合改革，把高考指挥棒指向素质教育。2016年制定了《湖南省普通高中学生综合素质评价实施办法》，从思想品德、学业水平、身心健康、艺术素养、社会实践等五个方面进行综合素质评价，试图以评价落实立德树人根本任务，深入推进素质教育。2016年制定了《关于开展普及高中阶段教育改革的指导意见》，旨在破解教育资源短缺、质量不高、普职失衡等突出问题，提出"构建覆盖城乡、布局合理、质量优良、人民满意的高中阶段教育体系"。为全面提高县域高中教育质量，促进县域高中与城区普通高中协调发展，在全国率先全面规范招生入学，有效遏制了"掐尖""抢生源"等乱象，县域高中生源流失现象得到根本扭转。2022年，湖南省教育厅等九部门联合下发了《湖南省县域普通高中发展提升行动计划（2022—2025年）》，明确了通过深化课程教学改革，创新课堂教学模式，充分利用农业农村资源等方式，不断提高教育教学质量。

四、高等教育的时代内涵：重在服务社会

　　高等教育的基本产出就是一种教育服务，服务性是高等教育质量的基本特征，也是主要时代内涵。党的十八大将十七大提出的"提高高等教育质量"变为"推动高等教育内涵式发展"，对高等教育提出了更高的要求，而党的十九大提出"实现高等教育内涵式发展"，将内涵发展变成了行动目标。在这样的大发展背景下，过去十年，湖南高等教育向内涵转型发展的特征与力度是最为显著的。2012年是高等教育内涵式发展的关键一年，国家教育部发布的《关于全面提高高等教育质量的若干意见》明确提出"坚持稳定规模、优化结构、强化特色、注重创新"，逐步转向走以质量为核心的高等教育内涵式发展道路。

湖南紧随其后，出台《进一步落实和扩大高校办学自主权的实施意见》，发布《关于推进岳麓山大学科技城建设和发展的实施意见》，推动相关高校融入大学科技城，特别是 2017 年省政府研究出台了《湖南省全面推进一流大学和一流学科建设实施方案》，围绕"着力提高我省高等教育的综合实力和区域竞争力，全面推进一流大学与一流学科建设"的新目标，支持和推动高校按照综合研究型、学科特色型、地方应用型、技术技能型等不同类型，科学定位、各安其位、突出特色、争创一流，在要求高等教育毛入学率继续提高的同时，着手推进高等学校有特色、高水平发展，高等教育从"跨越式"的外延发展逐步走向以质量为核心的内涵式发展。许多国家为了追求以经济增长为核心目标的经济功利价值而改革教育制度，往往忽视了教育对培养人的成长的内在价值。湖南以此为鉴，坚持以"双一流"建设为契机，各高等学校坚持在稳定办学规模的基础上突出提高质量，在主动适应需求的基础上优化人才培养结构，在准确把握定位的基础上强化办学特色，切实提高拔尖人才培养质量，增强自主创新能力，努力为现代化新湖南提供更有力的人才保障与智力支撑，湖南高等教育的整体实力与国际竞争力也随之进一步提升。2021 年，《湖南省教育厅 湖南省发展和改革委员会 湖南省财政厅关于加快新时代湖南省研究生教育改革发展的实施意见》明确提出，紧密对接经济社会发展需求，加快优化研究生教育布局结构。尤其是强调主动服务湖南"三高四新"战略，紧密对接湖南 20 条新兴产业链，适应先进制造、集成电路、人工智能、储能技术、现代农业等重点发展领域对高层次应用人才的需求，在稳步发展学术学位研究生教育的同时，支持高校增设一批硕士、博士专业学位类别。在正确的政策导向下，湖南高校规模的战略规划逐渐与市场接轨，渐进式地向新常态内涵式发展阶段变迁。

五、职业教育的时代内涵：重在抓优化结构

职业教育是整个教育事业与经济社会发展联系最直接、最紧密的部分，对促进就业创业、助力经济社会发展、增进人民福祉具有重要意义。随着经济发展和产业结构升级，社会对技术技能人才的需求日趋多样，国家对职业教育的

重视程度前所未有。新修订的职业教育法，以法律形式明确了职业教育是与普通教育具有同等重要地位的教育类型，明确国家鼓励发展多种层次和形式的职业教育，着力提升职业教育的认可度。湖南坚持把加快发展现代职业教育摆在更加突出的位置，其中的要义就在于优化结构。2014年，湖南对职业教育表现出了空前的高度重视，召开了全省职业教育工作会议，省委省政府主要领导出席会议并对现代职业教育体系建设进行全面部署和推动。同年，出台了《中共湖南省委 省人民政府关于加快发展现代职业教育的决定》，第一次对湖南特色现代职业教育体系进行系统谋划、总体设计、全面部署，对现代职业教育体系、教学动力以及质量都作出了明确要求；湖南省人民政府办公厅印发《湖南省农村中等职业教育攻坚计划（2014—2016年）》，要求"市州、县市政府要按每20万人口设置1所普通高中和1所中等职业学校的原则要求，科学规划高中阶段教育学校布局，有序撤并条件差、规模小、质量低的高中阶段学校"，有效巩固了中等职业教育基础地位；省教育厅、省发改委、省财政厅、省人社厅、省农业厅、省扶贫办六个厅局共同印发了《湖南省现代职业教育体系建设规划（2014—2020年）》，列出了清晰的时间进度表和路线图。这三个文件集中体现了新时期湖南省委省政府关于职业教育的功能新定位、形势新判断、工作新部署，为加快构建具有湖南特色的现代职教体系，推进职业教育与产业发展深度融合，有效服务湖南经济发展方式转变和产业转型升级，绘制了全局性的宏伟蓝图。2016年，湖南印发了《湖南高等职业教育创新发展行动计划（2016—2018年）实施方案》，该方案出台的主要目标就是"稳步扩大高职教育办学规模，高等职业教育规模占高等教育的一半以上"，有力促动形成与区域经济发展需求紧密对接、错位发展、优势互补的高等职业教育特色发展格局。通过这些文件的指导，适应经济社会发展需求、产教融合、中高职衔接、职业教育与普通教育相互沟通的现代职业教育体系框架已经基本形成，推动职业教育从劳务输出主导型向服务地方产业主导型、规模扩张型向内涵提升型转型。湖南职业教育也由此正式进入现代职业教育发展新阶段。

第四章　湖南高质量教育体系
　　　建设的价值立场

　　价值是政策的基础，也是政策形成的逻辑起点。政策价值由政策行动者的意识形态演绎而来，并成为一种意识形态偏向。这一偏向是政策背后对价值观和行为准则的假定，也是对政策过程及其内容起指导作用的基本理念。[①] 公共政策的制定与执行代表着国家目前是何种价值取向。我国的核心价值取向是"以人民为中心"，党的十九大报告深入阐述了"以人民为中心"的发展思想，党的二十大报告更是将"深入贯彻以人民为中心的发展思想"作为党和国家事业取得历史性成就、发生历史性变革的重要因素。这也成为政策从酝酿到执行过程的首要标准。教育政策属于公共政策的范畴，是教育治理与促进教育改革发展的工具。作为公共政策在教育领域的具体表现，教育政策的决定因素是其价值取向。在不同的社会历史阶段，教育政策表现出了不同的时代特色与价值取向。进入新时代，处于转型时期的湖南教育，面临着复杂艰巨的建设任务，教育政策的价值取向开始指向"提质量""促公平"和"优服务"，高质量教育体系建设的价值立场也随之转移。

---

　　① 李雪松. 政策工具何以反映政策价值：一项溯源性分析：基于 H 省 W 市综合行政执法模式的经验证据［J］. 求实，2019（6）：41-53.

第一节 以"促公平"为中心的价值取向

教育公平是社会公平的重要基础，是促进社会公平"最伟大的工具"。教育公平不仅仅是抽象的价值意义建构，更是一个实实在在的实践范畴，这就需要借助于社会公共政策去落实和推动，尤其是与之密切相关的教育政策。[①] 全国教育大会指出："要着力补上短板，夯实义务教育这个根基，强化农村特别是贫困地区控辍保学工作，完善城乡统一、重在农村的义务教育经费保障机制，着力改善乡村学校办学条件、提高教学质量，注重运用信息化手段使乡村获得更多优质教育资源，在提速降费、网络建设方面给予特别照顾。"这些举措的统一目的就在于维护教育公平。在教育政策的实践上，公平处在"先行"位置。通过更大范围、更高水平加强教育的公共性，扩大教育的普惠性，不断推进教育公平，一直都是湖南长期坚持的基本教育政策。聚焦推进基本公共教育服务均等化，围绕教育资源配置的公平性，湖南不断完善教育资源配置的平等政策、差异政策和补偿政策，也是寄希望于此，在全面保障入学机会公平的基础上，向着过程公平、结果公平的更高层次迈进，既扩展"量"的维度，又拓展"质"的深度，让老百姓平等享受到更有质量的教育。

一、教育资源配置的平等政策，让人人都有出彩的机会

当前，教育领域存在的很多不公平现象都是教育结构的不协调而造成的，这里的不协调集中表现在基础教育与高等教育、普通教育与职业教育、公办教育与民办教育以及正规教育与非正规教育的非协调发展问题。有研究把教育公平理解为"公民能够自由平等分享当时、当地公共教育资源的状态"[②]，强调的是教育公平的资源配置作用。教育资源配置的平等，其具体内容包括受教育

---

① 王举. 论教育政策的价值基础：基于政治哲学的视角 [D]. 上海：华东师范大学，2013.
② 杨东平. 对我国教育公平问题的认识和思考 [J]. 教育发展研究，2000（8）：5-8.

权利平等和教育机会平等。促进教育公平，主要是做到机会公平，让千千万万
身处不同环境的孩子平等享有受教育的权利，努力让每个孩子都能接受公平的
有质量的教育，都有人生出彩的机会。教育机会平等包括教育机会起点平等、
教育机会过程平等和教育结果平等。教育政策可以通过对全社会的价值做权威
性的分配和一系列行动，深刻影响教育机会的起点和过程公平。一方面，湖南
通过教育资源配置来促动平等，以城乡义务教育一体化发展政策为龙头，辅之
以学校布局调整、标准化学校建设、"全面改薄"、县管校聘等政策文件，有效
促进教育设施一体化、教师队伍一体化和城乡生源流动一体化，都是在试图努
力缩小区域之间、城乡之间和校际之间的教育资源配置差距的过程中，办好每
一所学校，进而保障公民依法享有平等的受教育权利。湖南大力推进城乡义务
教育一体化发展，从根本上讲，是要让乡村孩子能受到有质量保障的教育。而
高校招生过程中针对社会弱势群体以及校园代表性不足的群体，予以一定倾斜
和照顾，要求高校招收规定比例的弱势群体学生，也是湖南以配额形式保障贫
困地区等弱势群体接受高等教育的权利的重要方面。另一方面，湖南着力保障
特殊群体能就地或者外流享有优质教育资源，比如，"以居住证为主要依据的
义务教育随迁子女入学政策"，让跟随父母在一地生活、就学的非居住地户籍
务工人员及其他非户籍就业人员子女的平等受教育权益得到了充分保障；稳步
实施贫困地区定向招生专项计划、农村学生单独招生计划和地方农村学生专项
计划，让更多的农村和贫困地区学生有机会上重点大学，也是一种教育资源平
等。凡此种种，都是为了"不让一个孩子掉队"，这不仅是关于质量的表达，
同时也是关于公平的表达。

二、教育资源配置的差异政策，让人人都有合适的教育

差异政策是一种体现受教育者多样性、学校多样性、课程多样性等教育多
样性的教育公平原则的体现。有研究把教育公平定义为"教育活动中对待每个

教育对象的公平和对教育对象评价的公平"①。世界上没有两片完全相同的树叶，老师面对的是一个个性格爱好、脾气秉性、兴趣特长、家庭情况、学习状况不一的学生，必须精心加以引导和培育，不能因为有的学生不讨自己喜欢就态度冷淡、排斥，更不能把学生分为三六九等，尤其是在学习环境改善方面不能厚此薄彼。比如，湖南农村中等职业教育整体办学基础仍然薄弱，总体规模在高中阶段教育的比例偏低。基于此，湖南省人民政府办公厅在 2014 年印发《湖南省农村中等职业教育攻坚计划（2014—2016 年）》，要求"到 2016 年底，全省农村县市的中等职业学校基本达到国家中等职业学校设置标准"。这是一种典型的教育资源配置的差异政策。尽管我们不能保证做到对所有学生"一碗水端平"，但至少要改变传统的用"一把尺子"衡量所有学生的做法，尽可能激发每个学生的学习兴趣和学习热情，采用适应学生个性差异的教学方式，使其个性得以充分而自由的发展。特别是对于存在学习困难、学习障碍或身体残疾的学生，不仅不能歧视，相反要给予他们更多的关爱。湖南全面大力实施特殊教育提升计划，积极推进随班就读、送教上门、医教结合等试点工作，努力提高三类残疾儿童少年入学率，也是出于这一方面的考虑。2018 年出台的《湖南省人民政府办公厅关于进一步加强控辍保学提高义务教育巩固水平的实施意见》，对学习困难学生给予了特殊关照，要求"按照因材施教的原则，针对学习困难学生学习能力、学习方法、家庭情况和思想心理状况采取不同措施，使他们提高学习兴趣，改进学习方法，养成良好学习习惯，增强学习的自信心、有效性和获得感"。"因材施教、有教无类"的理念，在湖南教育政策中始终有着不同的表达，从而不断寻求为每一个孩子提供合适的教育。

三、教育资源配置的补偿政策，让人人共享同一片蓝天

教育公平也是缩小社会差别的重要方式，从而促进社会共同体的共同发展。湖南教育政策活动在弱势群体受教育权益保障方面更加频繁。2013 年，

---

① 郭元祥. 对教育公平问题的理论思考 [J]. 教育研究，2000 (3)：21-25.

湖南省教育厅等五部门印发《湖南省边远贫困地区、民族地区和革命老区人才支持计划教师专项计划实施方案》，其核心目标就是提升湖南边远贫困地区、民族地区和革命老区学校教师队伍素质。2014 年，湖南省教育厅联合湖南省发改委、湖南省财政厅印发了《关于全面改善贫困地区义务教育薄弱学校基本办学条件的实施意见》，其目的就是通过五年的努力，全省所有义务教育薄弱学校在办学条件、教师队伍等方面均达到基本要求。治贫先治愚，扶贫必扶智。对贫困地区普及义务教育的扶持政策和对高校贫困生的资助和助学政策也是这种教育公平原则的集中体现。2015 年，湖南省人民政府办公厅印发了《湖南省教育扶贫规划（2015—2020 年）》，这是教育资源配置补偿性政策当中的支柱性政策，也是抬高底部、兜住底线的战略性政策。通过实施学生精准资助工程、贫困地区基础教育发展工程、贫困地区控辍保学工程、贫困地区技能人才教育培训工程、高等教育服务能力提升工程、校校结对帮扶工程、贫困地区教师队伍建设工程、贫困地区教育信息化建设工程等八大工程，充分发挥教育扶贫作为"功能型""造血型"扶贫，从而为贫困地区与全省一道全面建成小康社会奠定坚实基础。从 2016 年秋季学期起，湖南实施城乡统一的免费教科书和贫困生寄宿生生活补助政策，比中央规定的时间提前了半年。2017年，湖南省人民政府办公厅印发《湖南省贫困地区中小学校建设实施方案》，明确提出从 2017 年开始，在四年内支持武陵山、罗霄山 40 个集中连片特困县和国家级贫困县，按照国家有关中小学校建设标准，每个县建设 1～2 所规模适中、条件达标、风格统一、办学质量和管理水平较好，主要面向贫困家庭招生的中小学校。过去一段时间，湖南紧紧围绕"巩固拓展脱贫攻坚成果同乡村振兴有效衔接"目标，不断完善学生资助政策体系，根据脱贫攻坚和乡村振兴工作需要，出台"高校毕业生到贫困地区基层就业学费补偿""将义务教育非寄宿贫困学生和学前教育非普惠性幼儿园在园贫困幼儿纳入资助范围""对普通高中学生原建档立卡等贫困学生实行免教辅、对民族地区普通高中学生免费提供教科书"等地方性资助政策。2022 年，湖南财政厅等五部门出台《湖南省学生资助资金管理办法》，明确要求公办普通高校要从事业收入中足额提取

4％～6％的经费，普通高中（幼儿园）要从事业收入中足额提取 3％～5％的经费，中等职业学校应从事业收入中提取一定比例的资金用于资助学生。民办学校（含非普惠性幼儿园）应从学费收入中提取不少于 5％的资金，用于奖励和资助学生。至此，奖、助、贷、勤、免、补"六位一体"的学生资助政策体系基本形成。这些补偿政策的出台和有效落实，为人人共享同一片蓝天提供了切实保障。

第二节 以"提质量"为中心的价值取向

党的十九大报告首次提出"高质量发展"新表述，高质量发展是中国式现代化的本质要求和全面建设社会主义现代化国家的首要任务，表明中国经济由高速增长阶段转向高质量发展新阶段，为新时代国家经济和社会发展指明方向。2021 年 2 月，十九届五中全会通过的《中共中央关于制定国民经济和社会发展第十四个五年规划和二〇三五年远景目标的建议》进一步提出要"建设高质量教育体系"。可见，促进教育高质量发展和建设高质量教育体系已成为我国当前及今后教育改革发展的重大战略任务，也标志着中国教育从高速增长迈向高质量发展，努力向以高质量发展为时代特征的教育内涵发展战略转型，与之相适应的政策应尽快转向质量型发展政策。教育质量政策作为指导教育事业发展的规范系统，以特定的价值倾向来引导教育的发展。湖南教育在高质量发展进程中始终依赖于高质量的教育政策供给与驱动。

一、从理念入手：体现高质量发展诉求的教育政策日渐增多

在教育政策的逻辑上和内涵上，质量是"先在"的，也是湖南教育政策活动中最为明显的价值理念。一方面，质量在教育政策当中的直观体现愈来愈频繁。"质量"理念贯彻在湖南教育政策体系之中，尤为体现在教育发展规划的指导思想之中。《湖南省建设教育强省"十二五"规划》提出"坚持以人为本，

遵循教育规律，以素质教育为主题，以提高质量为重点，以改革创新为动力，形成体系完备、基础厚实、特色鲜明、社会满意的教育发展局面"，《湖南省建设教育强省"十三五"规划》提出"围绕提高质量、促进公平、优化结构三大任务，着力推进教育领域综合改革"，《湖南省"十四五"教育事业发展规划》提出"坚持以办好人民满意的教育为目标，以落实立德树人根本任务为主题，以建设高质量教育体系为引领，以深化教育领域综合改革为动力，加快推进教育治理体系和治理能力现代化，促进各级各类教育优质协调发展，持续推动教育强省建设"。进入"十四五"规划时期，教育质量已经不仅仅"提高"，而且实现"高质量"，在诸如《湖南省教育综合改革方案（2015—2020 年）》等重大政策文本中，"质量"同样也是高频词。针对特定领域的质量，通过印发专门政策文件进行强化，比如，2016 年印发的《湖南深化职业教育教学改革全面提高人才培养质量的实施意见》，明确提出"建立健全教育行政部门和职业院校统筹推进教育教学改革的长效机制""推动教育教学改革与产业转型升级衔接配套""为学生多样化选择、多路径成才搭建'立交桥'"。2019 年出台的《湖南省人民政府关于深化教育教学改革全面提高义务教育质量的实施意见》，从建强教师校长两支队伍、建设标准化美丽校园、打造公平而有质量的义务教育、创造学生安全就学环境四个维度就提高义务教育质量进行了专项设计。另一方面，标准化建设成为湖南提高教育质量的直接体现。学校标准化建设主要是用来提高学校的"硬件"保障水平，包含食宿、教学、卫生等配套设施建设，以及与教学相关的各项硬件条件（图书、教学器械、实验条件）的达标率等。标准化建设义务教育学校是缩小城乡学校差距，实现城乡义务教育一体化改革发展的重要抓手，也是必由之路。2012 年，湖南制定的《湖南省小学教学点办学标准（试行）》，2016 年出台的《湖南省义务教育学校办学标准》，将标准化教学点建设任务分解到教育、发改、财政、建设、国土等成员单位，纳入部门年度考核指标体系，为学校建设开辟绿色通道。同样，标准化建设是新时代湖南职业教育体系建设基础。2020 年，湖南省人民政府印发的《湖南省职业教育改革实施方案》，将"实施湖湘特色职业教育标准开发工程"

作为建立健全职业教育质量保证体系核心政策措施，明确到 2022 年，全省职业院校的所有专业全部完成专业人才培养方案、专业教学标准、课程标准、专业技能考核标准制定及公开工作，标准覆盖的范围更广、内容更多、内涵更深。湖南省教育厅联合湖南省财政厅印发的《湖南省高水平高职学校和专业群及优质中职学校和专业（群）建设计划实施方案》，按照"打造湖湘职业教育品牌"要求，为全面落实"三高四新"战略定位和使命任务、全面建设社会主义现代化新湖南提供技术技能人才支撑。因此，新政策的制定为职业教育的标准尺度从借鉴到创生提供了方向指导。2020 年，湖南主持开发国家专业教学标准 65 个，系统开发省级相关标准 273 个，发布校级教学标准 1792 个，其他标准 14804 个，初步构建起具有湖湘特色的职业教育标准体系。[①] 湖南职业教育的高质量最深刻的撬动来源于"三教"（教师、教材、教法）改革，这是落实"职教 20 条"的根本要求，也是职教高质量发展重要支撑。2020 年湖南省发展与改革委员会、省教育厅、省人力资源和社会保障厅联合下发了《关于产教融合型企业建设培育有关工作的通知》，为产教融合提供了政策保障。同时，湖南职业教育的质量体现在了一系列的工程计划当中，比如，2015 年实施了湖南省卓越职业院校建设计划、湖南省农村中等职业教育攻坚计划、湖南省职业院校管理水平提升行动计划，包括后来实施的"双高计划"、提质培优行动计划。特别是湖南省委省政府《关于加快发展现代职业教育的决定》明确提出要实施职业教育发展"四大计划"，即卓越职业院校建设计划、特色专业体系建设计划、专业教师队伍素质提升计划、农村职业教育攻坚计划，推动提升职业教育发展基础能力，加快构建湖南现代职业教育体系。在此基础上，湖南建立从高职高专到研究生教育全覆盖的年度质量报告制度，在全国率先开展职业院校专业技能抽查和毕业设计抽查，倒逼学校深化教育教学改革，提高人才培养质量。

---

① 阳锡叶，赖斯捷，李伦娥，等."职教崛起"的湖南探索［N］.中国教育报，2020-10-09（01）.

二、从问题切入：教育改革发展重大政策不断出台

习近平指出，坚持问题导向是马克思主义的鲜明特点，要坚持问题导向，瞄着问题去、奔着问题来。教育改革发展过程就是不断发现和解决问题的过程，不同时期的教育突出问题不同。步入新时代，随着教育主要矛盾发生变化，优质教育资源供给不足、应试教育依然大行其道、教育个性化需求难以满足等问题愈来愈突出。湖南敢为人先，以政策创新来推动改革是湖南教育实现跨越式发展的基本经验。2015 年，湖南省人民政府印发了《湖南省教育综合改革方案（2015—2020 年）》，明确了以立德树人为根本，以推进教育治理体系和治理能力现代化为主线，以构建"四大体系"（促进学生德智体美全面发展和终身发展的育人制度体系；管办评科学分离又有机统一的教育治理体系；学校依法办学，政府、社会、师生广泛监督的现代学校制度体系；教育与经济社会发展协同联动的制度体系）为主要任务的教育综合改革思路。在这一宏观政策的科学指导下，湖南始终聚焦"双减"、教育评价、高考改革等重点难点问题，坚持夯基垒台、立柱架梁，推动全面深化教育改革的主体框架基本确立，教育领域综合改革呈现全面发力、多点突破、蹄疾步稳、纵深推进的良好态势。

1. 聚焦"双减"

湖南省教育厅将"双减"工作定为全省教育系统"一号"工程，在政策上力度自然是不小。2021 年，湖南在全国较早制定了《湖南省减轻义务教育阶段学生作业负担和校外培训负担实施方案》，全面落实中央"双减"工作部署，明确提出"用 1 年时间，学生过重作业负担和校外培训负担、家庭教育支出和家长相应精力负担有效减轻""到 2024 年，学校教育教学质量显著提升，作业布置更加科学合理，学校课后服务基本满足学生需要，校外培训行为全面规范，学生学习更好回归校园"。随后又先后出台了《湖南省中小学生校外培训材料管理实施细则（试行）》《湖南省义务教育阶段校外培训项目分类鉴别实施办法（试行）》《湖南省校外培训机构禁止性事项负面清单》《湖南省教育厅

湖南省科技厅 湖南省民政厅 湖南省文化和旅游厅 湖南省市场监督管理局 湖南省体育局关于规范非学科类校外培训机构管理的通知》，为规范校外培训奠定了制度基础。这些政策文本坚持把"立德树人"作为推进"双减"的根本目标，科学统筹减轻学生负担与提高教育质量，在做减法的同时做好加法和乘法，力争让中小学生在校内就能"学"，并能"学好"。在减负方面，湖南早在2013 年开始开展义务教育阶段学校"减负万里行"活动，提出了"四严禁"，即严禁义务教育学校举办任何形式的选拔生源考试，严禁将"奥数"及其他变相培训与入学挂钩，严禁将各类竞赛、考级、奖励证书作为入学依据，严禁公办学校举办或参与举办"占坑班"。2018 年又印发了《关于进一步规范办学行为减轻中小学生过重课业负担的若干规定》的通知，从课外作业量、考试次数、补课、竞赛等十七个方面进行严格控制和规范，实质目的在于规范办学行为，全面推进素质教育。"减负"随着"双减"政策的全面推行达到了最高潮。"双减"不仅要"减"，也要"增"，湖南实施的义务教育优质均衡发展、公费师范生培养、强化中小学课后服务等政策举措，起到了良好的标本兼治的作用。数据显示，全省义务教育学校课后服务覆盖率达 100%，作业时间控制达标率达 100%。湖南以"双减"为契机，深化教育教学改革，促进全省中小学生全面发展、健康成长，作业管理、课后服务、校外培训监管等主要指标排名全国前列，让人民群众的教育获得感、幸福感更足。

2. 聚焦"教育评价"

教育评价是教育教学工作的指挥棒，是现代教育工作治理的环节，也是一项世界性、历史性、实践性的难题。2021 年，湖南省委省政府印发了《湖南省深化新时代教育评价改革实施方案》，系统设计了五个方面二十二项改革任务，对于深化教育体制改革，建立科学的、符合时代要求的教育评价制度和机制具有里程碑式意义。该方案围绕"立德树人"这一根本任务，明确了各级各类学校评价标准，把改革党委和政府教育工作评价作为突破点，把推动教师践行教书育人职责作为发力点，把促进德智体美劳全面发展作为落脚点，把树立正确选人用人观作为牵引点。湖南在破除"五唯"顽瘴痼疾过程中做了大量工作，在克服"唯分数"方面，制定了《湖南省普通高中学生综合素质评价实施办法》《关于实施湖南省高校思想政治工作质量提升工程的意见》《关于加强新时代学生心理健康教育的意见》等政策文件，推动落实树立"健康第一"教育理念，促进学生德智体美劳全面发展。在克服"唯升学"方面，严厉禁止各地下达升学率指标或以升学率考核政府部门、学校和教师，将"炒作高考成绩"等违规行为作为专项督导重要内容，大力纠正片面追求升学率倾向，营造健康的教育生态。在克服"唯文凭"方面，出台了《湖南省深化高等学校教师系列专业技术职称（职务）评审制度改革工作实施方案（试行）》，全省各类教师职称评审制度均在学历和资历要求方面明确，坚持职业院校与普通学校学生享受同等就业政策，要求职业院校与普通高校均为毕业生提供就业指导等就业服务，基本形成了品德、能力和业绩导向的人才招聘和使用机制。在克服"唯论文"方面，鼓励高校建立健全分类评价体系，实行分类评价，建立代表性成果评价机制，《湖南省深化高等学校教师系列专业技术职称（职务）评审制度改革工作实施方案（试行）》对教育教学能力有明确要求，如申报教授需"具有班主任等学生思想教育、管理工作或指导青年教师教育教学的经历2年以上"。牢固确立科研评价的质量和贡献导向。在克服"唯帽子"方面，印发了《关于进一步规范省属高校绩效工资管理及津贴补贴发放工作的通知》，明确高校要"进一步提高立德树人成效和人才培养质量在绩效工资分配中的比重，不能简单按照岗位等级、科研项目、论文和奖励数量等因素进行分配"。"双一流"学科建设、2011协同创新中心、科研项目、创新平台等各类项目评选时，未设置人才"帽子"等称号栏目。推进人才称号回归学术性、荣誉性本质。

3. 聚焦"高考改革"

高考改革是教育体制改革中的重点领域和关键环节，社会极其关注，百姓极其期待。十八届三中全会通过了《中共中央关于全面深化改革若干重大问题的决定》，对高考改革作出了全面、系统、明确的部署。近年来，湖南在高考改革中不断尝试探索，比如通过实施"阳光招生"工程、取消点招、实行平行志愿填报、减少和规范高考加分、推进招考信息公开、扩大面向农村贫困地区招生规模等一系列举措，切实保障高考公平，得到了社会各界和广大考生的积极评价。而最具革命性的当属备受关注的高考综合改革方案正式出台。湖南是第三批高考综合改革试点省，从 2018 年秋季入学的高中一年级学生开始实行国家统一考试和普通高中学业水平考试相结合，普通高校按照"两依据，一参考"模式进行录取，即依据考生全国统考科目成绩和普通高中学业水平选考科目成绩，参考普通综合素质评价，择优录取学生。湖南以高考改革为突破口，对高中学业水平考试制度、高中学生综合素质评价制度、普通高考和高职院校分类考试招生制度等进行了整体设计，突出了系统性和整体性，体现育人为本、科学选才、保障教育公平等基本原则。2019 年，湖南省人民政府印发了《湖南省高考综合改革实施方案》。湖南高考综合改革重点突出在三个方面：一是在考试科目方面，由"3＋X"模式转变为"3＋3"模式，其中一个"3"为语文、数学、外语 3 门全国统一考试科目，所有考生都要参考，不分文理科；另一个"3"则由考生在思想政治、历史、地理、物理、化学和生物 6 门科目中，自主选择 3 门参加全省统一组织的学业水平等级性考试，考试科目由考生任选，可以随意组合搭配，考生因此面临多达 20 个选择。考试科目由以前的"吃桌餐"变为"吃自助餐"。二是在录取标准方面，由依据一次高考成绩转变为"两依据，一参考"，由看一次考试转变为兼顾考生高中三年全过程。三是在录取模式方面，由单一的统一高考录取转变为多元录取。普通高中综合素质评价是对学生全面发展状况的观察、记录、分析，是学生毕业和升学的重要参考。全面实施综合素质评价有利于促进学生全面发展，转变人才培养模式，推动教育评价改革。在新高考改革中，稳妥推进综合素质评价在新高考招生中落地一直都是湖南教育关注的重点。湖南于 2016 年出台了《湖南省普通高中学生综合素质评价实施办法》，组织开发了"湖南省普通高中学生综合素质评价平台"，开展了试点运行和使用培训。中南大学是教育部批准的全国第一个综合评价录取改革试点高校，其录取模式主要内容包括：以高考为基础，考生取得一本上线高考成绩才有可能参加该模式的选拔录取，从高到低公示面试资格；学校对考生进行综合素质与能力面试考核，突出公民素质、科学思维、创新想象、人文素养、人际交往、个性特点六方面；依据考生高考成绩和高校综合素质考核成绩组成的综合成绩进行录取，面试不笔试，考核内容均为开放性的。这一改革试点为湖南普通高中综合素质评价改革提供了实践经验积累。2021 年，湖南迎来新高考落地"首考"，全省考生报名人数为 57.49 万人，比上年增加 3.89 万人。这些改革举措，对破除"唯分数论""一考定终身"和高中教育与高等教育衔接不够通畅等问题起到了积极作用。

三、从要素发力：支撑教育高质量发展的政策保障基本到位

建设高质量教育保障体系是推动建设高质量教育体系的前提与基础。高质量教育保障体系是为保证教育高质量发展而制定的成体系的制度与体制的总和，是高质量教育体系的重要组成部分。教育政策需要保证教育系统外部力量的有效参与，主动适应政治、经济、文化、科技等社会场域同教育场域的协作交流和家长、媒体等对教育的指导与监督等。有学者将我国教育质量保障体系的基本框架分为六个部分进行讨论，即教育政策保障、师资队伍保障、教育投入保障、教育评价保障、教育治理保障以及教育技术保障。[①]《湖南省建设教育强省"十二五"规划》在发展目标设定中，将条件保障主要聚焦在教师队伍和基础设施两个方面。《湖南省建设教育强省"十三五"规划》，在发展目标中提出"支撑条件更加完善""治理能力显著增强"，具体目标中除了教师队伍和基础设施，新增了教育信息化技术、教育经费投入，保障内容范围更广，力度也更大。《湖南省"十四五"教育事业发展规划》发展目标提出"保障更加充分"，在前两个五年规划的基础上，首次将"教育领域综合改革"纳入保障体系。可以看出，湖南教育政策中对教育发展的保障经历了"点"到"线"再到"面"的过程，形成了较为成熟的保障体系，正是基于良好的保障基础，湖南教育迈入高质量发展新阶段有了坚实的基础。从湖南教育政策活动中不难发现，过去十年湖南教育政策关注更多的是教育投入、依法治教和教育信息化

---

① 申国昌，王燕，申霞. 建设高质量教育保障体系：现实依据、基本框架及实施策略［J］. 现代教育管理，2021（11）：26-33.

建设。

1. 教育投入

教育与经济相互作用、互为支撑。在现代生产条件下，特别是在知识经济时代，经济是教育发展的基础和物质保证，教育是社会经济发展的智力基础。教育投入是支撑教育优先发展战略的重要支柱。而且在教育政策活动中，教育经费的投入是至关重要的，它直接关系到教育政策能否真正有效地发挥其作用，从本质上讲，关乎国家和社会公共教育利益的实现与否。可以这么说，以公共财政经费投入机制为主要内容的教育政策保障机制是实现善治的教育政策实践的关键性因素之一。正因如此，湖南在教育经费投入上给予特别的政策关照。一是严格落实教育经费投入"两个只增不减"要求，也就是确保做到各级财政一般公共预算教育支出逐年只增不减、各级教育按在校学生人数平均的一般公共预算教育支出逐年只增不减。为确保教育经费"两个只增不减"落实，湖南不断完善教育经费投入政策保障体系，以制度建设保障教育投入。2015年，湖南建立以改革和绩效为导向的高校差异化生均拨款制度，明确全省公办高职院校年生均拨款水平不低于 12000 元，引导各地高职院校办出特色、办出水平。2016 年，湖南省人民政府出台文件，建立了"城乡统一，重在农村"的义务教育经费保障机制，实现了保障政策、补助标准和分担比例"三个统一"，"两免一补"等义务教育经费随学生携带可流动。同年，建立公办普通高中生均公用经费财政拨款制度，基准定额标准为每生每年 600 元。2018 年，建立以经常性拨款为主、免学费补助和其他专项资金支持为辅的中职学校生均拨款体系，明确全省公办中职学校年生均拨款水平不低于 10000 元。2019 年，建立学前教育生均公用经费拨款制度，保障范围覆盖全省所有公办幼儿园和办园质量达标的普惠性民办幼儿园，基准定额拨款标准为每生每年 500 元。2020年，根据中央要求，湖南将义务教育生均公用经费基准定额标准提高到小学 650 元、初中 850 元，将普通高中生均公用经费拨款标准提高到每生每年 1000元，同时省财政对义务教育寄宿生在额外增加 200 元公用经费的基础上再提标100 元。与此同时，湖南全面厘清教育领域省与市县事权与支出责任。2020 年

4月，湖南省政府办公厅印发《教育领域省与市县财政事权和支出责任划分改革实施方案》，将经常性事项和阶段性专项统一纳入改革实施范围，对全省各县市区按照省直管县和非省直管县分两类三档，明确了各阶段教育省与市县共同财政事权项目和分级分档分担比例，建立权责清晰、财力协调、区域均衡的省以下财政关系，确保财政教育投入持续稳定增长。这些政策性举措的密集出台和有效实施，让湖南财政教育经费总量持续保持增长，所有学段均实现了"第二个只增不减"。

2. 教育信息化

信息技术对教育领域已经或将要产生革命性的影响。教育信息化已经处在了支撑引领教育现代化的战略地位，催化了新的教育革命，势必会引领教育理念的创新和教学模式的深刻革命，必然会成为促进教育公平和提高教育质量的有效手段，也必将成为泛在学习环境和全民终身学习的有力支撑。对湖南教育来讲，湖南教育信息化经历了 1.0 和 2.0 两个时代。1.0 时代，湖南最先进行教育信息化建设探索的其实是在职业教育领域。2012 年，湖南以空间建设为突破点，积极探索"企业投资建平台，院校按需买服务"的信息化建设新途径。按照"方便用，用得起"的原则，由企业投资搭建平台和提供服务，职业院校根据师生人数及教育教学管理实际，按需购买个人学习空间，建设以"职教新干线"为引领的职业院校信息化教学与管理机构平台群——湖南职业教育网络学习互动交流平台。各职业院校依托该平台，积极开展教育教学与管理方式创新。此后，湖南先后印发了《湖南省教育信息化三年行动计划》《进一步加强教育信息化三通工程建设与应用的指导意见》等 21 个规范性文件和制度，基本建成支持加快推进教育信息化的管理制度体系。从 2013 年起，湖南将"校校通"与省政府为民办实事项目"村村通"工程相结合，每年由通信运营商免费为 2000 所左右乡镇以下村小或教学点接入宽带，将"数字校园"纳入数字湖南引导资金中统筹考虑，每年依托工信部门建设完成 50 所左右的数字校园。① 通过统筹这些项目，湖南教育信息化获得了全社会更多的关注和支持。也正是得益于此，湖南贫困地区农村中小学校师资不足、资源不足、课程开设不齐等问题得到了有效缓解。2018 年，湖南获批全国首个国家教育信息化 2.0 试点省，就在当年底，湖南省人民政府便迅速印发了《湖南省"互联网＋教育"行动计划（2019—2022 年）》，标志着湖南教育信息化进入了 2.0 时代。《湖南省"互联网＋教育"行动计划（2019—2022 年）》明确提出实现"校校用平台、班班用资源、人人用空间"，从"通"到"用"，一字之差，背后彰显的是 2.0 时代的发展目标及主要任务，都转向以应用为主。经过两年建设，到 2021 年，湖南全省实现了 100％"网络到校""终端到校"。

3. 教育治理

教育优先发展的关键着力点之一，是构建适应新时代的教育治理体系，实现教育治理能力现代化，以此解决教育发展不充分带来的总量问题和教育发展不平衡带来的结构问题。党的十八届三中全会把完善和发展中国特色社会主义制度、推进国家治理体系和治理能力现代化确定为全面深化改革的总目标，开启了全面深化改革、系统整体设计推进改革的新时代。习近平强调，坚持和完善中国特色社会主义制度、推进国家治理体系和治理能力现代化，是实现"两个一百年"奋斗目标的重大任务，是把新时代改革开放推向前进的根本要求，是应对风险挑战、赢得主动的有力保证。从我国教育治理领域发生的重大变化来看，教育治理离不开教育政策的导向。在推进依法治国的大背景下，推进依法治教已彰显其必要性与紧迫性。就湖南而言，教育治理领域的政策日渐增多，最具代表性的当属湖南省政府出台的《关于进一步落实和扩大高校办学自主权的实施意见》，围绕高校学科专业、编制、岗位、进人用人、职称评审、薪酬分配、经费使用等方面的深层次问题，提出了一系列操作性很强的措施，力求破除制约高等教育改革发展的体制机制障碍，激发和释放高校办学活力，为提升高等教育办学质量和水平提供了有力政策支撑。教育督导是教育法规定

① 阳锡叶，张圣华，李伦娥，等. 湖南：省级统筹让教育信息化搭上"动车"[EB/OL]. (2015-11-05) [2015-11-05]. http：//www. moe. gov. cn/jyb_xwfb/s5147/201511/t20151105_217792. html.

的基本教育制度之一，是推进教育治理体系和治理能力现代化的一项重大政策举措。早在 2010 年，湖南在全省推行教育管理决策、执行、监督三者相互协调、相互制约的新机制，全面实施中小学校督学责任区挂牌督导制度，对学校教育实现"全覆盖、全过程、全方位"的监督与指导，在全国产生了广泛影响。2018 年，湖南省人民政府办公厅印发了《对市州人民政府履行教育职责的评价办法》，该评价结果作为对市州人民政府及其有关部门领导班子和领导干部进行考核、奖惩以及教育资源配置的重要依据。2021 年，湖南省"两办"联合印发《关于深化新时代教育督导体制机制改革的实施意见》，进一步完善教育督导机构设置，要求省、市州、县市区人民政府设立教育督导委员会，就制约督导发展的关键环节进行了布局推动，比如在队伍建设上，明确督学配备比例，各地督学数与学校数按 1∶5 的比例配备，专职督学的具体比例由各地根据实际情况确定，其中县级专职督学的比例不低于 30%，原则上不高于三分之一。总体上看，湖南教育督导事业处在全国靠前位置，产生了较为广泛的影响。依法治教是依法治国的重要组成部分，这就要求教育行政部门注重以法治思维、法治方式和法治精神来推进全省教育事业。湖南积极开展教育立法工作，着力提高立法项目科学性、立法公众参与度和立法政策执行力。比如，《湖南省中小学幼儿园规划建设条例》是该领域全国首部省级地方性法规；《湖南省学校学生人身伤害事故预防与处理条例》填补了行政法规立法空白；《对市州人民政府履行教育职责的评价办法》将规划实施情况纳入了对地方政府和领导干部的考核评价体系。在校园治安综合治理方面，湖南在全国率先启动"平安校园建设工程"。2014 年，湖南省教育厅联合省发改委、省公安厅等十一个部门印发了《关于建立湖南省中小学校舍安全保障长效机制的实施意见》，建立了校舍安全年检制度、校舍安全预警机制、校舍安全责任追究制度。此外，湖南积极落实青少年法治宣传教育，不断加强青少年法治教育实践基地建设，多形式开展"宪法日"教育及知识普及活动。全面落实"放管服"改革任务，不断完善学校法人治理结构、现代职业学校制度、推行负面清单制度，确保全省教育事业始终在法治轨道上高质量发展。

第三节 以"优服务"为中心的价值取向

服务概念的研究首先是从经济学领域开始的。国际知名的芬兰服务营销专家格鲁诺斯认为,"服务一般是以无形的方式在顾客与服务职员、有形资源商品或服务系统之间发生的、可以解决顾客问题的一种或一系列行为"[①]。按经典的理论,教育属于上层建筑,它受经济基础的影响,同时也反作用于经济基础。这种反作用即可理解为服务。表面上看,受教育的是个人行为,提升的是个人素养与能力,但受过教育的人往往会对社会稳定、繁荣和发展作出不同程度的个人贡献,这便是服务的具体体现。社会越进步,对教育的需求也就会越大。教育对经济的影响具有间接性和滞后性,也就是常说的,抓经济,今天就可见效;抓科技,明天才能见效;而抓教育,要到后天才能有效。但是,随着经济社会的发展,现阶段"教育既管后天,也管明天,还管今天"。也就是说,教育的服务既是当前的,也是长远的。从系统论的角度看,教育发展自身是一个系统,同时又是整个经济社会发展中的一个子系统。教育发展本身的系统性程度和水平影响着经济社会发展的水平和质量,反过来,经济社会发展的整体水平又影响着教育系统的水平和质量。这就是所谓的教育高质量发展与经济社会发展所具有的一致性和同步性。湖南教育政策服务导向始终是明朗的,服务的政策工具支点也是切实有效的。

一、服务"三高四新"美好蓝图的政策导向切实明朗

"三个高地""四新"使命是习近平总书记从战略和全局高度对湖南作出的科学指引,是湖南"十四五"乃至今后一个时期社会发展的指导思想和行动纲领。教育在服务"三高四新"美好蓝图中扮演的角色举足轻重,湖南教育政策

---

① 克里斯蒂·格鲁诺斯. 服务市场营销管理 [M]. 吴晓云,冯伟雄,译. 上海:复旦大学出版社,1998:28.

"优服务"的价值导向始终是明朗且清晰的。从《湖南省建设教育强省"十二五"规划》提出"教育服务经济社会发展的能力明显增强",到《湖南省建设教育强省"十三五"规划》强调"基本建成人力资源强省",再到《湖南省"十四五"教育事业发展规划》要求教育"高效服务乡村振兴、'三高四新'发展战略",教育政策的"服务"导向始终是明确的,而且愈来愈聚焦和务实。教育服务经济社会发展是具体的,教育政策的制定与出台自然更应该具有针对性。进入"十三五"时期,为对接产业转型升级需求,湖南率先在全国提出专业群建设理念,引导全省每所高等职业院校重点建设2至3个特色专业群,每所中等职业学校重点建设1至2个特色专业群。2016年印发了《湖南深化职业教育教学改革全面提高人才培养质量的实施意见》,在主要目标设定中,就明确指出要"对接产业的专业布局","高职教育服务区域经济社会发展和产业转型升级能力明显提高"。2020年,湖南省人民政府印发的《湖南省职业教育改革实施方案》,深入阐释了湖南职业教育改革将如何服务湖南创新引领开放崛起战略,为经济提质、增速、转型提供高素质技术技能人才支撑。同时对提升职业教育服务能力进行了专项部署,要求"对接产业布局调整专业布局,扩大高技能人才培养规模","积极担当职业技能培训重任"。2021年,《教育部湖南省人民政府关于整省推进职业教育现代化服务"三高四新"战略的意见》明确提出通过营造职业教育与产业融合发展新生态,树立职业教育服务乡村振兴新标杆,建成职业教育内陆改革开放新高地,来增强服务实施"三高四新"战略能力。同时要求各市(州)人民政府按规划办好高等职业院校和中等职业学校,县(市、区)人民政府重点办好一所示范性中等职业学校,深入对接湖南3个万亿元产业、11个千亿元产业、20个工业新兴优势产业链和"一核三极四带多点"发展战略。2021年,湖南省教育厅印发了《高等教育服务"三高四新"战略实施方案》,对加快构建适应新发展阶段的湖南高等教育新发展格局进行了战略部署,从推动"双一流"建设加速发展、调整优化学科专业布局、着力提升人才培养质量、汇聚高层次创新人才及团队、培育建设一批重大科研创新平台、组织开展重大科学研究攻关、深化产学研用一体化、服务国家区域科技创新中心建设、加强专业特色智库建设、扩大教育开放与合作交流等10 个方面进行了谋划部署。显而易见，湖南教育从落实教育优先发展、健全育人体系、促进教育公平、提高教育质量、深化教育改革、强化条件保障等方面协同发力，服务支撑"三高四新"美好蓝图，已经成为当前湖南教育系统的政治自觉、思想自觉和行动自觉。

二、人才关键支撑作用不断增强

实践证明，一个国家经济发展最重要的起决定作用的是人力资本，尤其是在知识背景下，教育对人力资本的开发对社会的发展越来越具有基础性、战略性和决定性的意义。有研究认为，我国高等教育价值取向在中华人民共和国成立后多年的嬗变历程中，先后经历政治中心、经济中心、政治与经济二中心、个人价值、社会价值与知识价值共存等三个阶段，坚持"学、研、产"一体化进程，制定合理的教育政策是实现"三元"价值有机整合的良策。[①] 而增加教育、培训投资是提高人力资本、提高劳动生产率，从而促进经济增长的主要因素。从教育本身来看，教育的核心能力，也就是我们常说的教育的人才培养能力、教育对经济社会和文化发展的直接影响能力等，既能提高国民整体素质，增强综合国力，又能改善公民家庭生存发展能力。因此，2014 年，中央经济工作会议特别强调要"更加注重加强教育和提高人力资本素质"。湖南教育政策始终把深入学习贯彻习近平总书记关于教育的重要论述，坚持社会主义办学方向，以"为党育人、为国育才"作为根本前提。从"十二五"时期到"十四五"时期，建设人力资源强省始终是不变的发展目标。湖南高度重视产教融合工作，党的十八大以来特别是 2014 年全省职业教育工作会议以来，出台了《关于加快发展现代职业教育的决定》《关于深入推进企业与职业院校合作办学的若干意见》《关于深化普通高校校地校企合作的意见》《关于加强湖南省工业新兴优势产业链人才队伍建设的若干措施》等政策措施，明确了有鲜明地方特

---

① 徐红，董泽芳. 中国高等教育价值取向 60 年嬗变：教育政策的视角 [J]. 中国高教研究，2010
(5)：7-10.

色的企业与职业院校"双主体"合作育人、普通高校校地校企合作机制，实现了产教融合、校企合作政策从无到有。与此同时，通过生均经费标准、教师编制标准和强化轮训、学生技能抽查等配套制度，营造出了有利于深入推进产教融合发展的政策环境，"促进产教融合，校企'双元'育人"，深化变革学生"知行合一、工学结合"的学习方式，积极"推动职业院校和行业企业形成命运共同体"，实现学校培养与企业用人的有效衔接，不断增强湖南产业与教育协同发展的动力。在教育政策的有效调控下，职业教育出现了蓬勃发展气象，让职业教育的服务能力得到巨大提升，每年向社会输送中、高职毕业生 37.71 万人。此外，湖南出台了《关于加快建设高水平本科教育全面提高人才培养能力的实施意见》，立足湖南经济社会高质量发展需求发展高等教育，部分高校加快融入区域经济社会发展，建立紧密对接产业链、创新链的专业体系，并创新应用型技术技能型人才培养模式，推动了高校办学向特色化方向发展，也促进了高校办学质量与办学效益的提高。湖南各地结合区域实际，积极开拓创新。如长沙印发了"人才新政 22 条"，衡阳开展"人才雁阵"行动计划，岳阳启动"巴陵人才"工程，郴州发布"林邑聚才"计划，全省产业链人才队伍建设氛围日益浓厚，工业产业人才发展环境不断优化。2020 年，全省劳动年龄人口（16～59 岁统计口径）平均受教育年限达到 10.8 年，比 2015 年增加 0.4 年。十年间，累计培养高校毕业生 450.05 万人。[①] 湖南教育为本地人力资本水平和劳动者素质提升作出了突出贡献。

三、引领科技创新作用不断凸显

科技是第一生产力，高校是科技创新第一高地。湖南充分发挥高等教育作为科技第一生产力和人才第一资源重要结合点的优势，增强自主创新能力，培养创新人才，深化产学研合作，促进科技成果转化为现实生产力。2016 年，伴随着《中共湖南省委湖南省人民政府关于贯彻落实创新驱动发展战略建设科

---

① 夏智伦. 探索教育强省建设的湖南路径［N］. 中国教育报，2022-07-28（02）.

技强省的实施意见》这一全面实施创新驱动发展战略的纲领性文件的出台，湖南拉开了科教强省建设的大幕，诸如支持高校、科研院所等事业单位试行人才专项编制使用制度，扩大专业技术岗位结构比例调整权限；对急需紧缺的高层次人才采取特设岗位方式引进；支持高校、院所科研人员兼职兼薪或离岗创业等系列政策措施，激活了创新驱动发展的新活力。同年，湖南省人民政府办公厅印发了《湖南省促进高等院校科研院所科技成果转化实施办法的通知》，为充分激发高等院校、科研院所创新活力，调动科研人员创新创业积极性，促进科技成果转化，打开了政策"绿灯"，比如，"鼓励高等院校、科研院所设立专门的科技成果转化岗位""鼓励高等院校、科研院所、社会机构共建技术转移人才培养基地""对在技术转移、科技成果转化中贡献突出、取得重大社会经济效益的，可破格晋升相关专业技术职称"，促进湖南高校科技成果高水平创造和高效率转化。全省高校技术合同成交额呈逐年上升趋势，2019、2020、2021 年分别为 11.69 亿元、14.46 亿元、19.32 亿元。2018 年，湖南省人民政府印发《湖南创新型省份建设实施方案》，对提升高校院所创新能力提出了明确要求，"加大'双一流'建设支持力度，鼓励高校深度融入企业创新，建设产学研协同创新中心"，提出"依托中南大学、湖南大学、湖南师范大学等高校院所以及国家超级计算长沙中心等战略创新资源，建设岳麓山国家大学科技城"，岳麓山国家大学科技城—湘江西岸创新带初步形成。十年间，全省高校1007 个本科专业点被认定为一流专业建设点，占比达到 38.7％，5 所高校进入全国"双一流"建设序列，获得国家自然科学奖、科技进步奖、技术发明奖113 项，承担了省内 90％以上的国家科技重大专项，诞生了超级计算机、"海牛"深海钻机、高性能沥青基碳纤维等系列世界领先科技成果。[①]

四、教育民生改善力度明显加大

教育是最大的实事，也是最大的民生，是实现人民对美好生活向往的现实

---

① 夏智伦. 探索教育强省建设的湖南路径 [N]. 中国教育报，2022-07-28（02）.

基础。进入新时代，湖南加力推进教育供给侧结构性改革，不断扩大优质教育资源供给，持续优化教育资源配置，着力构建丰富、多元、可选择的供给侧结构，给受教育者提供更多、更好和更多元化、高质量的教育服务，以满足老百姓不同的教育需求，切实增强人民群众对教育的获得感。让人人都有出彩的机会，保障入学机会公平，一直都是湖南教育改革发展核心目标。比如，湖南出台的《湖南省中小学校幼儿园规划建设条例》，是全国首部关于该领域的省级地方性法规，有效推动了全省中小学校、幼儿园依法进行规划和建设，以法规形式保障学前教育资源供给。2018 年出台的《湖南省人民政府办公厅关于进一步加强控辍保学提高义务教育巩固水平的实施意见》，推出了"一机制、三避免"的政策举措，健全控辍保学工作机制，避免因学习困难或厌学而辍学，避免因贫失学辍学，避免因上学远上学难而辍学。这项政策对解决义务教育学生特别是偏远贫困地区学生失学辍学问题发挥了巨大作用。那些免费教育、贫困学生资助措施等，都为学子上学创造了条件，提供了机会。普及是湖南教育政策改善民生的重要侧重点。2016 年，出台的《关于开展普及高中阶段教育改革的指导意见》，首次提出构建覆盖城乡、布局合理、质量优良、人民满意的高中阶段教育体系，其中的"覆盖"便是提高普及程度，政策实施的目标是到 2020 年，全省高中阶段教育毛入学率达到 93％以上。2018 年出台的《湖南省高中阶段教育普及攻坚计划（2018—2020 年）》，再次明确到 2020 年，全省高中阶段教育毛入学率达到 93％左右，显著提升集中连片特困地区、国家和省级扶贫工作重点县等教育基础薄弱地区高中阶段毛入学率，教育阻断贫困代际传递功能得到有效发挥。在国家脱贫攻坚战当中，最核心的指标是"两不愁、三保障"，"三保障"之一就是义务教育有保障。2018 年，湖南省教育厅印发了《湖南省深度贫困地区教育脱贫攻坚实施方案（2018—2020 年）》，采取加大专项经费支持、建立教育脱贫台账、强化精准资助等六大帮扶举措，努力提高深度贫困地区教育基本公共服务水平。解决了"有学上"的问题，还打赢了"控辍保学"这场攻坚战，实现了动态清零。2018 年，湖南省教育厅、湖南省扶贫办联合印发了《关于高等院校服务脱贫攻坚的指导意见》，通过完善工作机制、深化校地帮扶合作、实施就学脱贫工程、发挥科技产业扶贫潜力、推广"以购代捐"校农合作计划等举措，进一步发挥高等院校服务精准扶贫精准脱贫特色优势。此外，湖南在全国率先出台《关于健全中小学安全风险防控机制的实施意见》，制定了《湖南省学校学生人身伤害事故预防和处理条例》，始终将学生的人身安全置于教育事业发展的顶部，以人为本的教育理念得到充分彰显。实际上，教育活动本身在改善民生中悄悄地拉动着经济，虽然教育投入是由政府或其他社会资金买单，但在教育方面的投入与消费是实实在在的，必然通过多种渠道影响经济，对民生改善有着"润物无声"的效果。

第五章　湖南高质量教育体系的建设路径

习近平在十九大报告中明确提出，"经过长期努力，中国特色社会主义进入了新时代"，这是一个整体性、阶段性、战略性的重大政治判断，意味着中国特色社会主义事业已站在了新的历史起点上，为谋划和推动教育事业改革发展提供了历史方位和行动指引。《中共中央关于制定国民经济和社会发展第十四个五年规划和二〇三五年远景目标的建议》，第一次明确提出"建设高质量教育体系"，这是新时代教育发展的新主题、新方向、新目标、新任务。紧接着，习近平在二十大报告中进一步强调："坚持以人民为中心发展教育，加快建设高质量教育体系，发展素质教育，促进教育公平。"由此可见，推动教育高质量发展和建设高质量教育体系已然成为我国当前及今后一个时期教育改革发展的头等战略任务。在经历了有质量、高质量的发展阶段后，湖南教育发展正处于从教育大省到教育强省的战略转型期，教育质量步入了从偏于"固有"到偏于"赋予"的重塑时代，重塑的根本途径则在于构建高质量教育体系。高质量教育体系的构建是一个系统工程，要紧紧抓住协调发展体系、教育服务体系、支撑保障体系和评估监测体系这四个方面进行综合性部署，使内部各要素之间形成相互配合、共同发展的良好局面，将全部教育资源汇集到提升教育质量上来。

第一节　加快构建各级各类教育高质量协调发展体系

习近平指出，从教育大国到教育强国是一个系统性跃升和质变。教育系统是一个很复杂的系统，其整体性、关联性、层次性、动态性和统一性特征十分明显，教育领域的许多问题互相牵制，这就需要运用系统性和复杂性思维去思考教育决策问题、目标的确定，以改革创新为动力，发挥政策、制度、机制的价值驱动与战略牵引作用，加快推动教育体系调整走向更加系统性、综合性的集成。就湖南教育实际而言，构建各级各类教育高质量协调发展体系成为当务之急。

一、落实立德树人根本任务，实现全面发展

习近平多次强调立德树人是教育的根本任务，将"立德树人"的定位置于"全面发展"之上，这是党的教育理论创新的最新成果。促进人的全面发展，具体来说就是德育、智育、体育、美育、劳育"五育"并举，德育要抓方向，智育要重能力，体育要推广普及，美育要多形式，劳动教育要重实效，五者之间相互渗透、有机融合、相互作用。一是突出德育实效。要想成为合格的社会主义接班人和建设者，首先就要具备良好的社会公德和个人私德，其中的关键是要坚持不懈用习近平新时代中国特色社会主义思想铸魂育人，全面推动习近平新时代中国特色社会主义思想进教材、进课堂、进头脑。深入学习贯彻习近平总书记在湖南考察时强调的"要用好红色资源，讲好红色故事，接受红色教育，让红色基因代代相传"的重要讲话精神，旗帜鲜明地办中国特色社会主义教育。要坚定有力地抓好学生思政教育，加强"大思政课"建设，在大中小学循序渐进地开展思想政治理论课，推进大中小思想政治教育一体化，充分发挥共青团、少先队组织以及教育基地、公共文化服务场所育人作用，打造大中小学生社会实践大课堂。加强教材建设和管理，及时制定各级各类教材目录，

不断更新相关教材政策文件，如尽快研制《湖南省中小学教材管理实施细则》《湖南省职业教育校企合作开发教材实施细则》等，打造培根铸魂、启智增慧的精品教材。重点加强和提高网络育人能力，推动思政工作传统优势同信息技术高度融合。二是提升智育水平。改进科学文化教育，统筹课堂学习和课外实践，强化实验操作，着力培养认知能力，促进思维发展，激发创新意识；突出学生主体地位，注重保护学生好奇心、想象力、求知欲，激发学习兴趣，提高学习能力；继续推进"互联网＋教育"，充分利用网络信息技术扩充学生的课堂学习资源。三是强化体育锻炼。高度重视"小胖墩"和"近视眼"越来越多的现实问题，开齐开足上好体育课，保障学生每天在校体育锻炼时间不少于1小时，让每个学生掌握1～2项运动技能，推动学生体质健康达标。学校和家庭都要有意识地让孩子以体育锻炼和户外活动代替网络游戏，让学生在锻炼中享受乐趣，强健体魄。同时，重点关注学生心理健康，适时开展促进学生心理健康行动，从而促进学生身心健康、全面发展。四是增强美育熏陶。大力弘扬中华美育精神，坚持以美育人、以文化人。广泛开展校园美育活动，实施"非遗进校园"工程，推进中华优秀传统文化艺术传承学校建设，帮助每个学生学会1～2项艺术技能，不断提升学生的审美境界，培养其美好的人格及创造美的能力。五是加强劳动教育。要着力培养劳动精神，引导学生树立正确的劳动观。教育引导学生崇尚劳动、尊重劳动，不断丰富校园劳动、家务劳动和社会实践形式，帮助学生每年有针对性地学会1～2项生活技能，加强学生的实践锻炼，彰显劳动育人价值。总而言之，唯有以德智体美劳"五育"并举，方能培养肩负起实现中华民族伟大复兴历史重任的社会主义建设者和接班人。

二、推动学前教育普惠普及，实现规范化发展

十年来，湖南学前教育普及程度明显提高，但普惠的水平依然较低。学前教育下一步发展的重点应当聚焦在普惠和规范。大力推动建设标准化，做到按需布局，依标建设，依标选派教师。着力优化结构，提高公办和普惠性幼儿园的比重，坚持把幼儿园规划布局纳入各地学校布局国土空间专项规划，做好学

前教育资源的整合与优化调整工作，防范资源过剩引发的风险。积极适应学龄人口急剧变动，根据居住区规划和人口规模，调整优化教育布局和资源配置，统筹安排新建小区配套幼儿园，增加小区配套普惠性学位。推动普惠制度化，提高学前三年普及程度尤其是农村地区的普及程度，引导一批优质幼儿园提供托育服务。重点办好乡镇中心幼儿园，推动各地政府在规划社会主义新农村建设中公共服务设施时将发展学前教育纳入其中，改善农村幼儿园保教条件，重点保障留守幼儿入园。加强学前教育治理，积极解决"小学化"问题，严格管理幼儿园的办学行为，引导幼儿园制定适合幼儿阶段的科学合理的教学方案，将教学重点由为入学做准备向培养幼儿综合素质转变。积极引导社会力量参与举办普惠性幼儿园，着力扩大普惠性学前教育资源供给，形成政府、社会、家庭协同治理的良性格局。

三、推动城乡义务教育一体化，实现优质均衡发展

城乡义务教育一体化改革发展，是适应新型工业化、城镇化和农业现代化需要，突破城乡二元分割分治的制度障碍，把城市教育和农村教育作为一个整体，实现城乡教育协调、合理、共同提升的区域教育整体可持续发展的过程。统筹推进县域内城乡义务教育一体化改革发展，不仅要突破城乡分割分治的二元制度束缚，把城乡义务教育作为一个系统、一个整体，让教育资源城乡共享、教育要素系统内和城乡之间合理流动，通过教育公平实现社会公平及持续稳定发展，还要突破现有教育管理体制安排，调动政府和社会各方面的积极性和创造力，注重城乡义务教育的个性特征，极大推进城乡义务教育的内涵发展，实现人的个性化发展和国民教育体系的整体提升。

义务教育的发展重在均衡二字。《中国教育现代化2035》进一步明确了县域内义务教育基本均衡实现后，要进一步向优质均衡推进的战略任务。2021年，教育部部署县域义务教育优质均衡创建工作。从"基本均衡"到"优质均衡"，是中国义务教育发展的一次重大升级，更是一次辉煌进步。推进义务教育均衡发展，是党和国家着眼现代化建设全局和经济社会发展的阶段性特征，

着眼满足人民群众接受更公平和更高质量教育的新期盼，对义务教育发展提出的方向性和战略性任务。"优质"的内容主要是办学条件、师资、数字化水平，核心是教育教学质量。推进义务教育均衡发展，关键在于"均"和"衡"，二者是两类指向，"均"是现象、形式、手段，"衡"是本质、内容、目的。"均"不是目的，　"衡"才是本质。由此看来，推进义务教育均衡发展，既要重"均"，更要重"衡"。教育均衡发展的本质不是学校设施的"均等"，而是教育内涵结构的"均衡"。"均衡"的对象主要是缩小区域、城乡、校际和群体之间的差距。实现优质均衡的路径包括推进义务教育学校标准化建设，推进城乡教育一体化，推进师资配置的均衡化，推进教育的信息化，建立常态化帮扶弱势制度，加大政策和资源向落后地区、薄弱学校倾斜的力度。其中，推动城乡教育一体化发展是抬高底部的关键一招。从现实来看，当前城镇大班额问题突出和乡村学校"空心化"现象并存，城镇师资紧张与乡村教师结构性矛盾并存，随迁子女进城就学难和留守儿童关爱缺失并存，一些地方农村学生上学远、上学难和寄宿条件差并存等。这些矛盾和问题，必须通过推进城乡义务教育一体化改革发展来破解。需要在推动义务教育优质均衡发展的基础上，完善城乡统筹、重在农村的义务教育经费保障机制，改善农村寄宿制学校和小规模学校办学条件，在交通便利、公共服务成型、基础设施较好和人口比较集中的农村地区，合理布局和新建义务教育学校，办好必要的乡村小规模学校和教学点，保障农村偏远地区孩子方便就学。

教育的优质均衡发展，离不开教育的标准化规范制定与学校的标准化建设。从目前来看，重新核定县域义务教育学校校额标准迫在眉睫。教育部印发的《县域义务教育优质均衡发展督导评估办法》规定，所有小学、初中规模不超过 2000 人，9 年一贯制学校、12 年一贯制学校义务教育阶段规模不超过 2500 人。从目前各地的实际来看，上述标准大多难以达成。由于地理环境、土地资源、经济水平等因素的不同，各个省市特别是东部与西部、沿海与内陆、发达与欠发达地区的基础教育学校办学规模都不尽相同。一般而言，东部沿海特别是如上海等相对发达地区的中小学校办学规模相对较小，而中西部欠发达地区的中小学办学规模相对较大。若按照现有的标准执行，势必会造成大量校舍新一轮的闲置与浪费，而且近年来人口增长的不确定性，有必要留出一定的调试空间。当前，义务教育大校额问题已经初步显现，总体呈现出三个明显特征：城市比乡村严重，民办比公办严重，名校比普校严重。大校额现象的出现，导致学校校舍、师资及相应的配套设施满足不了教学要求，教育教学质量严重下滑。基于此，有必要实施消除义务教育阶段大校额专项计划。坚持因地制宜原则，重新核定县域义务教育学校办学规模标准，小学、初中规模应当不超过 2500 人，9 年一贯制学校应当不超过 3000 人，12 年一贯制学校义务教育阶段规模应当不超过 3500 人。同时，进一步加强招生管理，推动各地科学制定义务教育招生工作方案，严格执行国家规定的义务教育免试就近划片入学政策。严格管控城区学校学生人数，限制农村学生无序进城，严禁超计划招生，确保义务教育阶段不再新增大校额。进一步统筹优化教育资源布局，积极科学调整完善城乡普通中小学校布局，依法落实城镇新建居住区配套标准化学校建设，为配套学校建设不足的老城区和未达到配建学校标准的小规模住宅区统筹新建或改扩建配套学校。

四、普及高中阶段教育，推动高中教育多样化发展

普通高中教育是基础教育的最后一个学段，是国家教育发展迈入世界先进水平行列的标志。当前湖南普通高中发展的价值正在从"重点""示范"向"多样化"转型。从政策层面来看，"多样化"不但要求我们重新思考普通高中在政策教育体系中的职能作用，还需要从普通高中教育系统予以统筹规划，在职能作用方面需要发挥高中教育促进"学生个性形成、自主发展"的基本育人价值，在系统方面则要考虑重新构建一个多样、开放、可选择的普通高中教育体系。[①] 高考作为普通高中的出口，高考制度的改革将对多样化发展起着决定性影响，既要推动普通高中多样化办学与高等院校人才选拔的有效顺畅衔接，

---

① 霍益萍，黄向阳，李家成. 多样、开放、灵活：普通高中教育体系的构建 [J]. 教育发展研究，2009 (18)：15-18.

也要推动高等院校将高中学生综合素质评价作为招生录取的重要依据，同时还要创新录取形式，切实增强人才选择的灵活性、多样性、科学性。

目前，最需要关注的是县域普通高中发展面临的困境。县域高中是县域基础教育的龙头，对于带动县域内教育均衡发展、推动基础教育高质量发展至关重要。一定程度上，一个县的高中办得好不好，直接决定着这个县的基础教育办得好不好。由于优质普通高中资源不足，区域内学生升学竞争仍然异常激烈，加上受传统文化影响，一些家长不管小孩的先天禀赋、个性特点如何，一味希望小孩上普高、读本科，不愿意他们上职业院校，因而社会上的教育焦虑仍未从根本上得到缓解。从这个角度看，只有把县域高中办好了，才能稳住县域内全学段生源，稳住千万个家庭。一直以来，湖南县域内学校其办学条件、教育管理、学生指导包括综合素质评价等，都还不能完全跟上新高考改革的需要，未来一个时期，既需要加大教育资源布局统筹力度，坚持市域统筹、一体布局、分类指导，高起点新建和改扩建一批优质普通高中，增加优质高中教育资源供给，也要适当控制民办高中的审批，逐步清出一批不达标学校。对高中教育发展薄弱地区应该予以倾斜扶持，改变优质教育资源向城镇、向重点校集中的趋势。逐步缩小县域普通高中与城市高中教师待遇差距，推动优质资源向县域高中倾斜。要多措并举鼓励县域高中多样特色发展，积极探索发展综合高中，形成具有鲜明县域特色的普通高中育人模式。凡此种种，方能把县域高中这个底部托起来，把新的短板补起来。

同时，要更多地关注中等职业教育发展。要大力推进中等职业教育标准化建设，不断改善办学校条件，确保中等职业学校办学规模、办学质量与经济社会发展相适应。中等职业教育是职业教育的起点而不是终点，积极畅通升学渠道迫在眉睫。这需要大力推进中职学校多样化发展，从单纯"以就业为导向"转变为"就业与升学并重"，并重点在普职融通上多下功夫，不断畅通升学渠道，高质量发展本科层次职业教育，完善职教高考制度，扩大职业本科、应用型本科在职教高考中的招生计划，满足中职学生接受高层次教育的需求。

五、探索扩大优质高等教育，推动高等教育内涵提质

湖南加快建设教育强省，高等教育既是重点又是难点。湖南高校既然在湖南扎根，就要瞄准和解决湖南经济社会发展的重点难点问题，多思考如何与当地企业和科研机构更好地融合。首先，锻造"高峰"。持续深入推进高校"双一流"建设，坚持"扶优、扶强、扶特、扶新"，优化资源配置，大力支持一流学科率先发展，大力培育新兴交叉学科，大力培养社会急需的高层次人才。加快建设高水平本科教育，优化高校学科结构和专业设置，积极推进"高峰"学科、"高原"学科建设，争取若干高校和学科进入"双一流"行列。重点推进岳麓山国家大学科技城建设，充分发挥集聚与示范作用。其次，强化分类发展理念。充分发挥制度的规范和引领作用，不断完善分类定位、分类支持、分类管理、分类评价的体制机制，健全高校分类发展的标准和体系，研制推动高等学校分类发展的相关政策文件，引导高校在服务"三高四新"美好蓝图中精准定位、选好"赛道"，不断聚焦发展重点，发展办学特色，加强内涵建设，坚决避免"大而全""千篇一律"现象的出现。再次，实施"三区"高等教育扶持工程。优化高等院校布局，加强对洞庭湖、湘西、湘南片区高等教育扶持力度，在常德、益阳、张家界、永州、郴州、怀化等 6 个研究生教育为空白的市设置具有地方特色的研究生培养单位，适时建设传媒、艺术等薄弱专业高等学校。最后，构建专业布局动态调整机制，健全人力资源统计、市场预测、供求信息发布制度，分区域、分行业制订专业布局规划，重点建设新兴产业相关专业，着力升级改造传统产业相关专业，扶持涉农专业，布局增设工程机械、轨道交通、智能制造、人工智能等领域学位点，加快培养适应"三个高地"建设急需的高端人才，适时淘汰一批社会需求少、办学效益低的学位点。

六、创新发展现代职业教育，建设职业教育强省

新时代开启了现代职业教育高质量发展新征程，职业教育体系也进入了转型升级的重要时期。湖南职业教育现代化发展前途广阔、大有可为，在奋力开

启职业教育强省的道路上，需要把握 4 个方面的重点。一是加快构建湖南现代职业教育体系。试点推动开展中小学职业启蒙教育，大力支持中职学校与省属本科高校联合开展"3＋4"贯通培养，高职院校与"双一流"建设高校联合实施"3＋2"贯通培养，鼓励和支持优质高职教育资源合并并转设举办本科层次职业教育，逐步打通中职、高职专科、职业本科、专业学位研究生教育的贯通体系。着力打造一批职教高地，着力培育一大批特色、品牌职业院校和专业（群）。二是提升对新发展格局的适应能力。坚持以市场需求为导向，健全专业结构动态调整机制。按照每所高职院校确定 3～5 个、每所中职学校确定 1～3 个重点建设专业大类的要求，推动各地各学校结合区域经济发展特色与优势，动态调整和优化专业结构，形成各自的特色专业体系，努力实现院校布局与产业园区相匹配、专业集群与产业集群相匹配、人才培养与产业需求相匹配。三是创新产教融合校企合作机制。重点落实好"金融＋财政＋土地＋信用"产教融合组合式激励，进一步深化产教融合、校企合作，推动专业结构与产业结构精准对接，培育一批产教融合型城市和企业。加强公共实训基地、技工院校和职业培训机构建设，努力促进职业教育与制造业、产业链的深度融合，切实发挥好企业和职业院校在技术技能人才培养方面的"双主体"作用。以国家"双高计划"建设为引领，积极支持引导职业院校主动对接国家及区域重大战略和现代经济体系，建设一批与主体功能区战略、产业发展深度对接的高水平专业集群，形成"院校集群＋产业园区板块""专业集群＋产业链"的产教融合新生态。四是加快完善服务"全人生周期"终身教育体系。终身教育体系不限于学校，还包括家庭、社区或其他社会机构；不限于教师，还包括其他的社会成员；不限于学龄阶段，还包括整个人生。这需要我们坚持"实现人人皆学、处处能学、时时可学"，面向全人群和全生命周期拓展，加快建立渠道更加通畅、方式更加灵活、资源更加丰富、学习更加便利的终身学习体系。健全城乡一体的"区—街镇—村居"三级社区教育办学体系，建立覆盖全省的终身学习网络、社区教育资源共享和公共服务平台。支持各级各类学校参与继续教育，促进学历教育与非学历教育协调发展，实现校内教育与校外教育的紧密衔接与资源共享。在县、乡、村分别举办社区学院、社区教育中心、居民学校，广泛开展公民道德教育、职业技能培训、成人学历教育和文化生活教育，农村社区教育着重开展劳动力转移培训、实用技术培训和创业知识培训。同时，还要注重发展"互联网＋老年教育"，建立支撑全省老年教育发展的学习资源库和数字化资源配送体系，依托各地乡镇成校、职业院校、社区学院和老年大学来丰富学习资源供给。在如今的信息化时代、人工智能时代，实施老年人智能技术日常应用普及行动迫在眉睫。

七、建立"三融"体系，推进特殊教育普惠发展

党的二十大报告指出，"强化学前教育、特殊教育普惠发展"，为特殊教育跨越式发展提供了根本遵循，"普惠"则成为新时代办好特殊教育的基本工作方针。研究团队通过对 3.17 万人进行网络问卷调查和实地调研，发现当前我国特殊教育还存在就读形式"倒挂"、发展通道"断头"、基础"底座"不稳等问题，明显制约了特殊教育高质量发展。对此，需要我们加快建立"学段融通、普特融合、资源融汇"的"三融"体系，推进特殊教育普惠发展。一是加快学段融通。完善和畅通残疾人终身学习通道，有效打通"学前—义务—高中—高等教育"全学段特殊教育体系，特别注重两头补强、两端延伸。一方面，推进学前特殊教育普及普惠、安全优质发展，优先将残疾幼儿学前一年教育列入义务教育，在残疾幼儿进行抢救性康复的同时或后期，尽可能完成学前一年准义务教育。另一方面，大力开拓特殊职业教育资源，大力举办残疾人职业技术教育，鼓励 30 万以上人口的县域特殊学校向高中阶段延伸，支持县级特校与当地中等职业学校合作办学，探索学校职业技术教育与重度残疾人托养及辅助性就业相结合的合作办学模式，试点开展面向残疾学生的职业技能等级证书制度、"学历证书＋若干职业技能等级证书"制度、现代学徒制订单班培养，实现残疾学生高质量发展的职业教育。二是加快普特融合。推动建立普通学校融合教育推行委员会制度，加快推进普通学校融合教育工作。分阶段实施送教上门大比例化解工作，研制送教上门服务标准，努力在 2025 年将送教服

务对象总数占比降到 10% 以内。大力推行随班就读，推动地方出台残疾学生随班就读管理细则，因地制宜出台随班就读教师标准，进一步明晰普通学校在特殊教育工作中的职能职责，加强随班就读学生的备案工作，保障残疾儿童少年就近、优先入学。三是加快资源融汇。加大各方资源向特殊教育融汇的力度，形成全社会关心支持、同抓共推的工作格局。推动省会城市和较大城市建设孤独症儿童特殊教育学校和残疾人中等职业学校，面向全省范围招收孤独症儿童和残疾儿童，支持县域特殊学校设立"孤独症班"。统筹建立以特殊教育学校教师为骨干，以资源教师和随班就读教师为主体，以巡回指导教师为指导，以送教上门教师为补充的"1＋N"特殊教育专业教师队伍体系。重点办好培养特教教师的师范教育，全面实施特殊教育教师资格证制度，实施资源教师培养培训计划，加强县域特殊教育教研工作，推动区县加快配备特殊教育教研员。加强残疾儿童少年信息平台建设，面向学生、家长及相关专业教师提供综合支持服务。完善特殊教育财政保障机制、增长机制及监督机制，加快出台残疾学生学前教育、高中阶段教育和大学教育生均公用经费标准，将特殊教育发展所需经费全部纳入各级政府财政保障范围。

八、提高治理水平，引导民办学校规范优质发展

民办教育是教育事业的重要组成部分，是促进教育改革的重要力量。湖南民办教育规范优质发展的方向引导聚焦三个方面。一是持续改善民办学校法人治理。进一步完善党组织书记委派和选任机制，配齐配强民办学校党组织书记，推动党组织责任事项落实落地，保证党组织在学校发展的重大问题上有参与权、话语权、监督权，牢牢把握政治方向。建立健全民办学校校长资质审核和履职监督机制，大力推进专家治校，切实发挥好民办学校校长的专业能力和专业素养。切实发挥好董事会的集体决策作用，严格规范董事会成员选任资质，督促董事会成员依法履职，切实发挥作用。通过良好的法人治理，努力打造健康、和谐、可持续发展的良好态势。二是积极优化民办教育发展环境。充分保障民办学校师生的同等权利，依法维护民办学校的同等地位。比如依法落

实民办高校的税收优惠政策，保证民办高校学生在升学、就业、档案管理、评奖评优等方面的公平性，与同级同类公办高校学生享受同等的权利等。推动建立民办学校分类扶持、分类发展的政策体系，加强对民办学校举办者、管理者教育培训力度，帮助其提升办学能力和水平。着力引导民办学校提供差异化、多元化、特色化的教育供给。三是加强民办教育监管。牢牢树立规范促进发展的理念，不断完善全过程、全方位的民办教育监管体系。督促各地根据当地经济社会发展水平、人口规模等实际情况，科学规划民办教育发展。进一步规范民办教育准入制度，提高民办教育的社会参与积极性、民生保障普惠性、事业发展规范性。进一步规范收费行为，加强收费标准审核和收费行为监管，将民办学校收费收入应全部缴入经教育行政部门备案的学校银行账户，统一管理。严格防止民办学校违规随意上调学费、住宿费标准，确保民办学校收费标准与办学投入、办学质量相匹配。切实保障教师权益。不断拓展民办学校教师职业成长空间，积极开展教师培训，逐步提高教师工资待遇，督促民办学校为教师足额购买社会保险和住房公积金，最大程度提升师资队伍素质，稳定教师队伍力量。

第二节　加快构建与新发展格局相适应的教育服务体系

习近平在教育文化卫生体育领域专家代表座谈会上提到，要立足服务国家区域发展战略，优化区域教育资源配置，加快形成"点线面结合""东中西呼应"的教育发展空间格局，提升教育服务区域发展战略水平。面对新一轮科技革命和产业革命的突飞猛进，如何聚焦国家和省域战略需要，瞄准关键核心问题，加快技术攻关？怎样把发展科技第一生产力、培养人才第一资源、增强创新第一动力更好结合起来？提升教育对高质量发展的支撑力、贡献力是必由之路。习近平总书记在湖南考察时提出了"三个高地""四新""五大任务"的新要求，这与党的十八大以来习近平总书记对湖南提出的"一带一部""三个着力""守护好一江碧水"等系列重要指示要求既一脉相承，又与时俱进，融战略定位、战略目标、战略任务于一体，体现了当前与长远、全局与一域、目标与路径、机遇与责任的有机统一，将新时代湖南在全国大局中的角色定位、使命担当提升到了一个前所未有的高度，构成了"十四五"乃至更长时期湖南发展的指导思想和行动纲领。

2020 年，湖南省委十一届十二次全会旗帜鲜明提出大力实施"三高四新"战略，并将其作为奋力建设现代化新湖南的总牵引。2023 年 8 月，湖南省委十二届四次全会审议通过《中共湖南省委关于锚定"三高四新"美好蓝图 加快推动高质量发展的若干意见》。这是顺应民心民意和新阶段湖南发展需要作出的重大决策，对于凝心聚力推动习近平总书记为湖南擘画的宏伟蓝图变成美好现实，必将产生重大而深远的影响。"三高四新"为建设现代化新湖南赋予了丰富内涵，指明了实践路径，注入了强劲动力。实现"三高四新"美好蓝图，需要把教育放到国家重要区域发展战略中去考量，善布大局，善谋大势，善办大事。当前，湖南经济已由高速增长阶段转向高质量发展阶段，人力资本对经济增长的贡献持续增强，已经成为推动产业转型升级、促进经济高质量发展的决定性因素。教育的基础性、先导性、全局性作用更加凸显，正在成为经济社会发展的"快变量"，服务湖南"三高四新"战略的"加速度"。作为教育工作者，必须心系"国之大者""省之大计"，切实强化高质量发展的教育担当，把习近平总书记关于湖南工作的重要讲话和指示批示精神贯通起来深学深悟，把高质量发展这个总的要求领悟透、落实好，牢牢把握教育高质量发展的正确方向，以湖南教育的高质量发展支撑实现"三高四新"美好蓝图。

一、全面提升人才培养实力

教育是提高人民综合素质、促进人的全面发展的重要途径。习近平指出，人口发展是关系中华民族伟大复兴的大事，必须着力提高人口整体素质，以人口高质量发展支撑中国式现代化。"培养什么人、怎样培养人、为谁培养人"是教育的根本问题，也是建设教育强国的核心课题。新时代新形势下，改革开放和社会主义现代化建设、促进人的全面发展和社会全面进步等都对教育提出了新的更高的要求。当前，湖南初步构建了与经济社会发展相适应的教育体系，人才自主培养和重点人才培养将是未来一个时期发展的重点。

1. 牢牢把握人才自主培养的自主权和主动权

"吾道废兴时否泰，人才进退国安危。"国民素质的整体提升将成为促进增长方式转变、创新动能加大、使人民享有美好生活的根本牵引力和驱动力。习近平指出："硬实力、软实力，归根到底要靠人才实力。全部科技史都证明，谁拥有了一流创新人才、拥有了一流科学家，谁就能在科技创新中占据优势。"[①] 习近平多次强调，要"有的放矢培养国家战略人才和急需紧缺人才"。做好人才培养关键是把思路、政策和精力更加聚焦到"自主培养"上来。近些年的国际竞争与社会实践表明，世界级科技大师、领军型人才、顶尖科学家的极端短缺正是我国人力资本开发和人才队伍建设的突出短板。世界一流的创新人才和科学家要么是自主培养，要么是联合培养，要么是依赖国际引进。然而，由于复杂的国际形势以及众所周知的原因，在当前及未来很长时间内，我国所需世界一流人才和顶尖科技人才主要依赖我国科技创新系统的自我孕育与自主培养。对此，习近平强调："当今世界的竞争说到底是人才竞争、教育竞争。要更加重视人才自主培养，更加重视科学精神、创新能力、批判性思维的培养培育。要更加重视青年人才培养，努力造就一批具有世界影响力的顶尖科技人才。"[②] 党的二十大报告将科教兴国、人才强国、创新驱动发展三大战略统筹推进，更加凸显了科技、教育、人才对国家发展的战略地位与命脉作用，这就必然要求促进教育的高质量发展，培养造就大批德才兼备的高素质人才，完善人才战略布局，建设一支规模宏大、结构合理、素质优良的人才队伍，切实提高我国人才，特别是杰出人才、顶尖科技人才、知识创新型人才的自主培养能力。

当前，湖南面临经济发展模式转型、社会结构转型、政府职能转变三大挑

---

① 习近平. 努力成为世界主要科学中心和创新高地 [J]. 求是，2021 (6)：4-11.
② 习近平. 努力成为世界主要科学中心和创新高地 [J]. 求是，2021 (6)：4-11.

战，同时，湖南作为制造业大省，随着"工业 4.0""中国制造 2025"的提出，迎来制造业数字化、智能化发展新机遇。可以预见的是，湖南战略性新兴产业人才需求将持续增大，专业技术类人才的缺口将进一步加大，尤其是高端先进装备制造产业的专业技术类人才的培养速度和质量跟不上企业发展需求。一方面，支撑产业结构优化升级的技能领军人才，尤其是研发类人才十分短缺，特别是新兴领域（如汽车制造类、生物医药类）的技术骨干，处于空缺的状态。而且，随着劳动年龄人口进一步不可逆地减少，必须提供更大的人力资本投资，才能维持人力资源总量增长，为经济持续发展提供基础条件。必须以持续的教育投资提供强大的人力资本和智力资源，加快实现要素升级，并为现代社会努力培养有参与意愿、有参与能力的合格公民，才能顺利跨越中等收入发展阶段。另一方面，社会对人才的需求结构发生了重大变化，不仅需要少数精英人才，更需要大量技术技能型人才和应用型人才。站在人才工作新的历史起点上，唯有紧紧抓住人才自主培养这个"牛鼻子"，牢牢把控好各级各类优秀人才培养的自主权和主动权，才能加快建立人才资源竞争优势，确保人才强省战略走深走实。

2. 牢牢把握人才培养方向

创新之道，唯在得人。时代已经有了明确的需求，教育就要做到精准的创新人才供给。当前，世界新一轮科技革命和产业变革正在重构全球创新版图，重塑全球经济结构。创新驱动实质上是人才驱动，谁拥有一流的创新人才，谁就拥有科技创新的优势和主导权。习近平指出，我们建设教育强国的目的，就是培养一代又一代德智体美劳全面发展的社会主义建设者和接班人，培养一代又一代在社会主义现代化建设中可堪大用、能担重任的栋梁之才，确保党的事业和社会主义现代化强国建设后继有人。特别是对高等教育提出了具体要求："我国高等教育要紧紧围绕实现'两个一百年'奋斗目标、实现中华民族伟大复兴的中国梦，源源不断培养大批德才兼备的优秀人才。"在实现"三高四新"美好蓝图的征程中，人才的数量和质量直接决定着"蓝图"实现的进度以及所能够达到的高度。我们要牢记为党育人、为国育才，统筹教育与经济社会发展，优化同新发展格局相适应的教育结构、学科专业结构、人才培养结构。这就要求我们必须全面贯彻党的教育方针，必须坚持从政治要求看教育，据民生性质抓教育，按人的全面发展规律办教育，从而培养可靠的、高质量的社会主义建设者与接班人。尤其是让"应试教育"返璞归真，向素质教育转变，培养适应社会及现实需要的社会主义新人；把创新思维培育、创新素质提升融入到教育教学之中，注重培养科技领军人才、专业技术人才、高技能人才，以及具有国际影响力的创新团队。当然，人才培养不单单是学校的事，也是家庭、政府、社会的事，建立家、校、政、社协同培养人才、全方位育人的网络支持系统是当务之急。家长要树立科学的教育观念及全面发展的成才观，既不能"拔苗助长"，也不能放任不管，要为孩子营造良好的家庭氛围，注重培养孩子良好的阅读习惯和人文素养，启发孩子的求知欲望，激发孩子的动手能力，鼓励孩子多参加体育项目和户外活动。同时，家长要将自己的教育期待转化为提高家庭教育质量及学生学习的内生动力，德智并重，关注孩子的身心健康，保护孩子健康成长、成才。

3. 牢牢抓住培养重点

教育对经济的促进作用，主要是通过对劳动者的知识技能、新的科学知识和信息传输等载体和形式，将劳动者潜在的生产力转化为直接现实的生产力。具有高层次教育人数的多少，与社会经济发展的关系更加密切，成为推动经济发展的重要因素。建设现代化新湖南，关键靠人才，根本在教育。当前，湖南经济仍然处在爬坡过坎的追赶阶段，能否减速换挡、提质增效，教育和人力资本的主动调整十分关键，"十四五"时期是一个重要窗口期。伴随着"人口红利"的消失，粗放的经济发展模式逐渐失去比较优势，人力资本作为经济发展核心要素的作用日益凸显。由于劳动年龄人口进一步不可逆地减少，就业人口数逐年萎缩，必须提供更高强度的人力资本投资，才能维持人力资源总量增长，为经济持续发展提供基础条件。经济结构调整和产业结构升级对创新型高层次人才的需求日益多元化，高层次人才短缺是不争的事实。2015年起湖南省就业人口数出现拐点，逐年萎缩，至2018年底就业人口共减少305.5万人，不符合全国趋势，全国就业人口拐点为 2018 年，当年减少 54 万人。但是我省教育规模位居全国第七位，说明我省本土高层次人才流失严重，来湘就业的高层次人才不足。此外，湖南省过去研究生教育规模太小，尽管近几年增长的比例很高，但总量仍然不足，研究生占本科生比例为 11.03%，处于较低水平。湖南人才层次结构方面专科所占比例较大，而研究生的比例偏低，反映出湖南省高等学校培养高层次拔尖创新人才的能力较弱，使得人才各层次之间比例与当地经济发展的需求失调。未来一个时期，人才自主培养的重点应该聚焦三个方面。一是加强基础学科人才和"高精尖缺"人才培养。基础学科领军人才短缺和长远发展的瓶颈问题始终制约着高质量发展，这就需要采取系统性和整体性思维，建立健全拔尖创新人才选拔培养和定向支持机制，制订个性化的人才培养方案，开"小灶"，备"精粮"，为拔尖人才培养定制"营养餐"。聚焦计算、材料、先进制造、北斗应用、生物技术和种业等前沿产业领域实施"高精尖缺"人才培养计划，推动高层次创新人才培养。探索实行政府、高校和企业联合培养卓越工程师的有效机制，在产业链龙头企业建设卓越工程师实践基地，建设一批卓越工程师培养基地。二是培养大批高素质技术技能人才。大国工匠、高技能人才是国家战略人才的主要力量。加快建立健全高技能人才企业培养、院校培养和校企合作培养体系，瞄准产业界重大、前沿、新兴领域，多方合力培养更多大国工匠。高职高专学校需要主动对接"三个高地"建设，对标先进制造业高地建设需求，建设一批核心课程、优质教材、教师团队、实践项目，同时要注重把新方法、新技术、新工艺、新标准引入教育教学实践，不断改革教育教学与评价方式，全面推进职普融通、产教融合、科教融汇，源源不断培养高素质技术技能人才、大国工匠、能工巧匠。三是培养一大批先进制造业人才。组织"双一流"建设高校，统筹一流学科、一流师资、一流平台等资源，加快培养一批工程机械、轨道交通、信息技术、新材料、新能源、节能环保、人工智能、生物等领域紧缺人才。重点扶持长沙理工大学、湖南工程学院、湖南铁道职业技术学院、张家界航空工业职业技术学院等高校进行专门人才培养。支持中南大学、长沙理工大学加强上述专业博士学位点建设，扩大高层次专门人才培养规模。加快健全高技能人才校企合作培养体系，瞄准产业界重大、前沿、新兴领域，多方合力培养更多大国工匠。建设重点领域产业人才大数据平台，推动建设技术先进、动态监测、预测科学、开放共享的产业人才大数据平台，有效支撑先进制造业、20 条新兴产业链等重点领域人才需求预测工作。建立行业市场人才需求发布机制，定期发布重点行业、重点领域、战略性新兴产业人才中长期需求目录，教育行政部门和学校应该以此科学统筹安排人才培养计划。四是高位推动就业工作。就业是民生之本，而经济发展的最终目的是保障和改善民生。当前，产业转型升级的阵痛，将会更加凸显大学生就业的结构性矛盾，高校毕业生可能会面临又一个"就业更难年"，因此抓好大学生就业工作必须突出高位推动、低处落实。要进一步压实高校就业工作"一把手"责任，强化就业指导和服务工作，多渠道多方式开展就业创业指导培训，提升就业创业指导人员业务水平，教育引导毕业生树立正确就业观、择业观。督促高校落实就业困难毕业生"包干责任制"，并按照"一人一档""一生一策"要求制定具体帮扶举措，加强就业困难毕业生的帮扶援助。千方百计开拓就业市场，促进市场化就业，会同相关部门通过线上线下相结合的方式举办大型区域性行业性招聘活动，支持鼓励高校结合实际举办多种形式、多种层次的招聘活动。

二、全面服务高水平科技自立自强

科技兴则民族兴，科技强则民族强。在全球化和信息化的背景下，先进技术在不断地涌现，要想在全球制高点上赢得发展的主动权，必须打破外国垄断的核心技术，大力发展自主创新，在技术上实现自立自强。党的二十大报告对实施创新驱动发展战略作出重要部署，要求"坚持面向世界科技前沿、面向经济主战场、面向国家重大需求、面向人民生命健康，加快实现高水平科技自立自强"。党的二十大报告将创新驱动发展与科技自立自强紧密联系，凸显了当前我国科技创新面临的紧迫任务。正如习近平所说："实践反复告诉我们，关键核心技术是要不来、买不来、讨不来的。只有把关键核心技术掌握在自己手中，才能从根本上保障国家经济安全、国防安全和其他安全。"科技自立自强是国家强盛之基、安全之要，更是经济社会发展全局的"牛鼻子"。只有实现科技自立自强，才能具备引领新科技革命的能力，才能更好地参与国际竞争，掌握创新发展的自主权，为高质量发展提供强大动力。教育作为科技创新的主力军，责任重大，使命光荣。就湖南教育而言，更需要在建设成全球研发中心城市重大战略布局中，在全力打造具有核心竞争力的科技创新高地的新征程中奋力前行，贡献绝对力量。

1. 加强基础研究是根本

基础研究是整个科学体系的源头，是所有技术问题的总机关。世界科技发展历史与世界强国演变历程已充分证明，强国以科技创新为本，科技以基础研究为基。党的十九大报告指出："要瞄准世界科技前沿，强化基础研究，实现前瞻性基础研究、引领性原创成果重大突破。"党的二十大报告强调，要"加强基础研究，突出原创，鼓励自由探索"。可见基础研究的重要地位和作用尤其突出。高校要着力发挥好基础研究主力军和重大科技突破策源地的作用，更加需要自觉履行高水平科技自立自强的使命担当，坚持面向经济主战场、面向国家重大战略需求、面向科技前沿，充分发挥高校的学科专业、人才队伍以及实验资源等优势，瞄准受制于人的核心技术、转型升级的关键难题、经济高质量发展的迫切需要进行研发攻关，在实现创新驱动发展的过程中发挥重要的支撑和引领作用。高校既要聚焦国家重大战略需求的关键核心技术问题，从系统布局、系统组织、跨界集成等诸多方面入手，与政府部门、企业、科研单位、投资机构等多类主体深度合作，积极发挥领军人才作用，探索科技项目揭榜制度，针对产业链发展急需的科技成果，鼓励支持符合条件且有研究开发能力的高校进行揭榜攻关，承担一批重大基础科研攻关项目，努力提升有组织的应用基础研究和应用研究能力；也要围绕带动科学重大发现和突破的前沿交叉问题，遵循基础研究的规律和特点，积极探索有关长周期评价机制，进行有组织的基础研究；还要鼓励科研人员开展自由探索研究，针对高校科研人员基本工资占比较低，鼓励长期"坐冷板凳"搞基础研究的机制不健全等问题，加快健全对科技人才的培养支持，强化科技人才创新激励，优化科技人才服务支撑保障，为基础研究长周期提供相匹配的制度支撑，为原创性发现提供重要支撑。

2. 加速高水平科创平台建设是基础

科技强省建设基础在平台。为了做大做强科创平台，湖南近年来陆续实施了一批重点平台建设项目。长株潭国家自主创新示范区建设三年行动计划顺利实施，由"四大实验室""四个重大科学装置"组成的"4＋4科创工程"建设进展顺利，中部地区顶级高科技产业园区的湘江科学城正在加快建设，这为湖南科技创新奠定了坚实基础。目前的关键是教育如何深度参与和融入。就湖南教育实际而言，高等教育需要发挥牵引作用，培育更多关键核心技术成果，结合实际建设一批数学中心、前沿物理中心和生命科学中心；要联合有关头部企业、科研机构、产业园区，共同建设重点实验室、协同创新中心、市域产教联合体、行业产教融合共同体等，打通科研开发、技术创新、成果转移链条，促进教育链、科技链、产业链有效衔接，为科技创新提供有力保障。

3. 加快科技成果转化是关键

成果转移转化能力的高低关乎科技创新人员的积极性、主动性、创造性，关乎经济社会发展的动力供给，关乎国家创新体系整体效能，更关乎能否实现高水平科技自立自强。要围绕市场需求、围绕产业链来打造创新链，积极主动与园区、企业、科研机构共建研发平台，健全协同创新、技术转移、成果转化等产学研一体化创新机制，打通高校科研成果与企业、市场之间的"隔断"。建设一批湖南省高校科技成果转移转化基地，进一步支持和鼓励高校大胆设置技术转移、成果孵化专业机构，打造更多的科技成果转化平台，而且要在考核激励办法上多出举措，充分调动科研团队和教师参与科技成果转化的积极性。重点支持岳麓山国家大学科技城产教研用深度融合发展，重点向大学科技城布局大型科学装置和国家实验室，加强产权交易、转移转化信息服务平台，鼓励和支持本地高校科研成果就近、就地转化。健全成果转化服务体系，鼓励高等院校采取转让、许可他人实施、作价投资等方式向自创区内的企业或者其他组织转移科技成果，或者在自创区内自行实施科技成果转化。对高技术项目和企业给予特殊政策支持，对设立的大学科技园给予场租、运营等方面的补贴，全力打造全国领先的自主创新策源地、科技成果转化地和高端人才集聚地。加强科技成果转化人才培养，打造职业技术经理人队伍，积极为科技成果转移转化提供专业服务，鼓励和支持区内高校建设技术经理人基地，探索技术经纪（经理）人全程参与科技成果转移转化的新模式。持续增强成果转移转化的政策保障，提高专利部门技术保护力度，努力消除各种政策方面的阻碍。完善知识产权运用和保护，统筹建设各类人才队伍，才能将科技创新的优势与主导权牢牢地把握在自己手中。此外，推动高校积极参与湖南—粤港澳大湾区科技创新融合发展，推动长江经济带高质量发展等区域发展战略，支持有条件的高校与京津冀、江浙沪、京港澳等发达地区在人才培养、科技攻关和成果转化等方面进行深度合作。

三、全面服务乡村振兴战略

我国是一个典型的农业国，我国社会是一个乡土社会，我国文化的本质是乡土文化，故而，振兴乡村显得尤为重要。党的十九大把乡村振兴战略作为国家战略提到党和政府工作的重要议事日程上来，并明确了目标任务，提出了具体工作要求。作为国家战略，它关系全局性、长远性、前瞻性的国家总布局，更是国家发展的核心和关键问题。乡村不发展，中国就不可能真正发展；乡村教育不振兴，乡村就不可能真正振兴。虽然说教育脱贫攻坚任务已经完成，但在与乡村振兴衔接的过程中，不可避免地存在诸如留守儿童、随迁子女受教育权益问题等，总体上他们享受优质教育资源的机会还很不足。如何办好乡村教育，如何让乡村教育推动乡村振兴，是一个深刻而迫切的课题。

整体而言，我们需要将乡村教育与乡村振兴融合发展，加快发展城乡教育联合体，统筹教育城乡一体化发展，是深入推进以人为核心的乡村振兴的关键。党的十八届五中全会提出"统筹城乡协调发展"，要求"健全城乡发展一体化体制机制，推进城乡要素平等交换、合理配置和基本公共服务均等化"。城乡一体化改革发展，要求新型城镇化与新农村建设同步推进，坚持城乡并重。既要有序扩大城镇特别是中小城镇公共教育资源，合理增加城镇学位供给，使义务教育与城镇化发展相适应，努力实现城镇教育基本公共服务常住人口全覆盖；又要着力提升乡村教育质量，适度稳定乡村生源，引导学生合理流动，让农村学生在家门口也能接受良好教育，尽量减少"因教进城"现象，为乡村文化的传承留下一块沃土，为乡村振兴提供支撑和条件。具体来说，可以采取以下措施。一是制定农村义务教育学校布局调整的指导标准，将乡村教育纳入乡村振兴、城镇发展、村庄建设等规划工作中，深度嵌入当地经济、社会、文化发展等各个方面，使医疗、文化、体育等乡村公共资源配置向乡村学校聚集，建立以乡村学校为核心的乡村人才高地、文化引领高地、精神文明高地。二是推动各个区县根据本地发展特色、产业优势与1~2所相对应高等院校进行战略合作，支持涉农职业学校、县级职教中心灵活设置专业，分层分类培养一批产业帮扶人、致富带头人、创业发起人。三是试点推行城乡区域教育共同体，建立以城区优质学校为核心，周边乡村学校为辐射范围的教育共同体，推动教师区域内流动、学生区域内分流、城区与乡村特色资源共享、教育教学共同实施。这里的共同体，不是把乡村教育变成城市教育，或者让乡村教育成为城市教育的附庸品，变成"两不像"，使其游离在城市教育和乡村教育之间，成为一种"无根"的教育，而是要办适合乡村孩子的教育，要让乡村里的教育变成真正的乡村教育，形成自己特有的乡村教育生态。要让乡村人办乡村教育，乡村人既可以是乡土本地的，也可以是具有深厚乡村情怀的人；要让乡村文化引领乡村教育，用好用足乡村特有的农耕文化、非遗文化等；要让乡村大地滋养乡村教育，根据乡村的自然环境，发展具有乡村特色、乡村特征，符合乡村实情、乡村需求的乡村教育。

乡村教育振兴必然能够赋能乡村人才振兴。习近平在中央农村工作会议上强调，要"着力打造一支沉得下、留得住、能管用的乡村人才队伍，强化全面推进乡村振兴、加快建设农业强国的智力支持和人才支撑"。2018年出台的《中共中央 国务院关于实施乡村振兴战略的意见》强调，"优先发展农村教育事业"，凸显了教育在乡村振兴中的基础性、先导性和全局性作用，其内在逻辑就在于教育作用于人而厚植乡村人力资本，从而实现乡村人才振兴。具体可以从如下三个方面进行。一是扎根"乡土"，让乡村人才"立"起来。"十室之村，不废诵读"。自古以来，我国就有耕读传家的历史传统和兴学兴教的文化氛围，培养一批土生土长、扎根乡村的乡村人才，既是乡村教育焕发生命活力的使然，也是乡村人才得以振兴的必然。乡村人才振兴，关键在乡村本土人才振兴。统筹整合优质职教资源，加强乡村紧缺人才公费定向培养，推广娄底市"村干部定向培养工程"和湘西职院"定向招生、定向培养、定向就业"的乡镇人才培养工作经验，为乡村人才队伍建设"量体裁衣"，加快培养农业生产经营人才、农村二三产业发展人才、乡村公共服务人才、乡村治理人才、农业农村科技人才。重点挖掘和培养一批"土专家""田秀才"，真正培育打造一支留得下带不走的本土人才队伍。不断创新人才培养模式。比如，推进高职教育资源向经济强县下沉。支持将有需求、有条件的人口大县和经济大县、强县及特色县的高水平中职学校建设为高职院校，遴选一批高水平中职学校举办初中后五年制高职教育，为县域发展留住人、培养人，支持县域经济由工业经济向知识经济转型发展。建设14个市级职业教育培训中心，聚集区域内教育、人社、发改、农业农村、乡村振兴等部门的资金、项目、技术、人才、政策等资源要素，面向区域内企业员工、高素质农民等开展职业培训，组建市级职业教育培训中心理事会，实行实体化运作。加快推进地方性高职院校涉农专业的人才培养，扩大专技人才公费培养计划，推进实施高素质农民技能提升、乡土人才培育。二是培育"乡情"，让乡村人才"动"起来。深入开展"乡情"进课堂，把广袤的乡野、淳朴的乡俗、浓厚的乡情变成独特的教育资源，将乡村特有的田间地头、山川河流等资源转化为乡村学校独特的校本课程。加强热爱家乡、建设家乡、服务家乡的情感教育，引导广大学生关注乡村、记住乡愁、传承乡情，厚植"吾土吾乡"的人文情怀。积极把握一二线城市"人才挤出"的契机，最大程度提升城乡间、乡村间教育聚集程度，着力推动教育链与人才链、技术链、产业链无缝对接，以优质教育资源的黏度吸引人才"回流"。三是丰厚"乡酬"，让乡村人才"香"起来。"待遇"是乡村人才振兴的最大变量，也是最大增量。要拓宽发展空间，不妨试点实施乡村人才学历在职提升计划，鼓励乡村人才在高等学校在职攻读更高学位。紧紧依托当地职业学校，采取市级重点培训、县级普遍轮训、乡级日常教育培训相结合的方式，分层分类开展乡村培养培训，不断提升乡村人才素质。对乡村人才配偶就业、子女就学、家属就医等现实问题给予重点关照，按照人才类别为乡村人才子女就学开辟绿色政策通道。加强乡村人才心理健康干预，做好心理健康状况跟踪调研，在高等学校设立乡村人才心理服务热线，并鼓励到基层开展心理健康咨询服务。在全社会大力营造"尊重知识、尊重人才"的良好氛围，进一步完善乡村人才荣誉制度，重点关注典型宣传和舆论引领，切实提升他们的政治地位、职业地位和社会地位。相信只要有了一支懂农业、爱农村、爱农民的优秀乡村人才队伍，农业强、农村美、农民富的美好图景就一定能早日成为现实。

四、全面服务对外开放战略

开放是当代中国的鲜明标识，也是教育现代化的重要标志。现代教育发展实践证明，唯有开放才能实现高质量发展。打造内陆地区改革开放高地，是习近平总书记对湖南提出的"三个高地"重大使命任务之一。如何在服务改革开放高地建设上展现新作为、大作为，是湖南教育人必须要思考和不断探索的重大命题。

1. 扩大国际开放

教育对外开放作为我国对外开放事业和国家软实力的重要组成部分，是国际性人才培养和输送的基本渠道，是实现教育现代化，建成教育强国的重要保障，也是塑造全球教育治理格局进而推进全球治理体制变革的深层力量。近年来，经济全球化遭遇逆流，国际经济循环格局发生深度调整，加快构建以国内大循环为主体、国内国际双循环相互促进的新发展格局，是把握未来发展主动权的战略性布局和先手棋。随着我国日益走近世界教育舞台的中心，教育发展经验正被越来越多国家的关注和借鉴，所以教育对外开放的工作重点应当及时由助推国内教育治理向统筹国内与全球教育治理转变，由单向学习借鉴向交流互鉴和民心相通转变,特别是在全球教育治理中提供中国的教育发展标准和方案,深度参与国际教育规制制定,充分发挥教育交流在增进外国公众对我国政治体制、发展道路、价值观念基本理解中的"正能量",在搭建经贸合作服务平台、培育国际教育产业、助推"一带一路"建设中的"软力量",从而大力提升教育的话语权甚至是主导权。要更加注重以"一带一路"节点城市为支点,加快推进"一带一路"教育共同体建设,以点带面提升教育对外开放水平,拓展区域教育开放合作纵深。围绕国家"一带一路"发展战略,支持高校与世界一流大学和学术机构开展深度合作,服务湖南自贸区建设,加快中非教育合作与发展,打造国际合作新平台,建立与国际接轨的专业人才培育体系。大力支持高校、科研机构和企业与海外相关机构合作设立海外科教基地、海外创新基地,形成挖掘全球创新潜力,遍布全球的科研和人才培养网络。重点依托中非经贸博览会,建立中非教育合作机制,推动湖南教育走出去,引导湖南学校自主、高效、有序推进在非建立教育机构、研发机构,吸引并选用当地优秀人才。加强中非经贸合作研究,培养一批经贸人才。积极对接湘企出境、湘品出海,开展海外员工培训、援外培训等。如此,才能站在时代的前沿,展现新作为,开辟事业新格局。

2. 扩大区域开放

教育对外开放需扎根中国大地。近两年,湖南大力推动区域协调发展。湖南"十四五"规划建议首次提出构建"一核两副三带四区"的区域经济格局,除了人们耳熟能详的"一核"长株潭外,"两副""三带"的表述均为首次提出,尤其是建设岳阳、衡阳两个省域副中心城市最受瞩目。同时,明确提出建设沿京广、沪昆、渝长厦通道的三大经济发展带,推动形成长株潭、洞庭湖、湘南、湘西四大板块鼎足而立,呈现出明显的空间层次与发展梯次。在新的区域布局中,教育资源布局也势必随之调整,服务区域发展的模式也必然随之发生改变。基于此,我们需要充分利用"一带一部"区位优势,强化粤港澳、长三角、长江中游城市群、成渝都市圈等区域间的交流合作,共建一批高端合作项目,打造区域教育开放合作新样本。特别是要加强同长江经济带和粤港澳大湾区教育合作，支持岳麓山国家大学科技城在深圳、广州、佛山等创新资源集聚地设立离岸科创平台，共建国家重点实验室、工程（技术）研究中心等技术创新研发平台，开展重大技术联合攻关。推动岳阳片区、郴州片区高校分别重点对接长江经济带和粤港澳大湾区，组建不同类型的高校联盟，建立高层次教育合作交流平台，加强科技创新人才合作交流，吸引优秀高端人才来湘工作，实现优质教育资源共享。

党的二十大报告提出，要"促进中部地区加快崛起"。从发展经验来看，中部地区崛起首先需要中部地区教育崛起。所以，我们有必要实施中部地区教育开放高地建设工程，加快中部地区教育崛起。一是充分发挥中部地区枢纽地位优势，加强中部地区教育协同发展，增强区域黏度。中部地区有河南、湖北、湖南、安徽、江西、山西六省，地处我国核心地带，具有连接东北、西北、西南、东部等各个地区的天然优势，也拥有协同其他地区的天然动力。从经济空间布局看，中部地区处在京津冀、长三角、粤港澳大湾区和成渝城市群四极组成的菱形中，是西部大开发形成新格局、东北振兴取得新突破、东部地区加快推进现代化的关键枢纽，中部枢纽地位优势发挥得如何，直接决定着中部的商品要素是否能够顺畅流动、生产要素是否能够顺畅配置，进而促进全国经济循环有序，内外协理，并力共进。要充分发挥中部地区的枢纽地位优势，系统推进中部地区教育协同发展体制机制改革，参照京津冀教育协同发展行动计划，聚焦中部地区协同发展中的重点领域、难点问题，开展协同研究和产学研协作，优化教育的功能布局，推动中部地区教育互融互通、互联互动，提高区域经济发展的黏度。二是围绕中部地区城市群打造区域教育新高峰，形成教育"头雁"矩阵。在政治、经济、文化等众多驱动城市发展的潜在因素中，教育是促进城市发展的最主要动因。比如，美国斯坦福科学园区带动了周边城市乃至美国的科技创新，并造就了享誉世界的"硅谷"。数据显示，与斯坦福大学有关的企业产值占整个"硅谷"总产值的50%～60%。当前，中部地区市域间空间聚集程度较低，城市间经济联系度不高，产业结构与对外开放程度的交互作用不足，这其中最直接的关键因素就是教育。因此，建议在支持武汉、长株潭、郑州、合肥等都市圈及山西中部城市群建设的过程中，重点支持这些城市群教育集群发展，形成完整的城市群教育"生态圈"，加大区域急需人才自主培养力度，以世界一流大学及高水平的科教优势，助推城市群迅速发展成为大型城市圈，进而形成中部地区城市群的"虹吸效应"。三是加大中部地区教育投入力度，解决教育投入"中部塌陷"不平衡局面。长期以来，中部六省生均教育经费低于全国平均水平，以普通高校为例，2021年全国普通高校生均一般公共预算教育事业费支出为 2.1 万元，其中东部地区 2.58 万元，中部地区 1.75 万元，西部地区 2.35 万元，呈现出"东部高峰""西部平原"和"中部塌陷"的不平衡格局。建议加大转移支付和中央财政专项资金的投入，补充中部地区生均经费。完善中部地区教育投入稳定增长的保障机制，构建以师资配备、生均拨款、教学设施设备等资源要素为核心的标准体系和办学条件标准动态调整机制。优先支持中西部高校国家重大重点项目、教育部重点实验室、研究基地和高端智库的申报与建设。同时，建议完善省部共建机制，以相应的政策倾斜支持中部地区教育高质量发展，改变一些省份部属高校为零的局面。鼓励支持东部一流大学发扬"西迁精神"，在中部地区开展合作办学、设立分校。

3. 扩大内部开放

内部开放是多元的，与人民群众需求相匹配，与地方经济社会发展相适应，与产业发展相衔接，等等，这些都应当是内部开放的重点领域。湖南教育内部开放应当聚焦以下几个方面。在空间上，充分依托长株潭地区产业聚集和人口聚集能力，加快科研平台设施共建共享，打造具有核心竞争力的科技创新高地，推动长株潭区域教育一体化发展。鼓励岳麓山国家大学科技城、长株潭城市群等同区域高校、同类高校之间以及高校与企业之间，共享教学资源，共建学科专业，共同培养适应社会需求的高质量人才。在制度上，要建立开放式的教育制度，搭建起多元便捷的高等教育"立交桥"，为每个学习者提供尽可能多的学习机会。建立专业设置信息发布平台和动态调整机制，健全人力资源统计、市场预测、供求信息发布制度，分区域、分行业制订专业布局规划，建设产业人才需求信息平台,以区域和产业发展等需求为"罗盘",科学动态调整专业设置。积极鼓励并推进多形式、多类别的校际合作,探索合作培养、交叉培养学生的路径和体制。在育人主体上,大力推广"工学结合、校企合作"新发展模式,开展股份制、混合所有制办学试点,引导每所职业院校至少对接1家企业或工业园区,打通院校与企业之间人才双向柔性流动绿色通道,鼓励企业选派技术骨干参与指导高职院校的专业技术性实习实训,确保人才培养与企业需求无缝对接。创新校企合作机制,建立高校与企业、科研院所之间专家学者互派、互访机制,鼓励支持高校从企业、社会直接或柔性引进高层次"双师型"人才。改革创新职业院校教师薪酬制度,学校对外开展技术开发、技术转让、技术咨询、技术服务取得的收入结余,可提取50%以上用于教师劳动报酬,不纳入单位绩效工资总量管理。教师根据相关规定取得的科技成果转让费,计入当年本单位绩效工资总量,但不受总量控制,不作为调控基数。制定企业参与办学税收减免的地方实施细则,明确国有企业举办职业教育的财政支持政策和税收优惠办法,出台鼓励支持职业院校与企业合作办专业、办二级学院的具体政策。

第三节　加快构建与教育高质量发展相适应的支撑保障体系

建设高质量教育支撑保障体系是顺应国际教育发展趋势,提升我国教育质量的必然选择。高质量教育保障体系是为保证教育高质量发展而制定的成体系的制度与体制的总和,是高质量教育体系的重要组成部分。[①] 高质量教育保障体系基本框架主要包括党的全面领导保障、教育投入保障、师资队伍保障、教育治理保障、教育技术保障、教育政策保障等多个方面。在"十四五"期间乃

---

① 申国昌,王燕,申霞. 建设高质量教育保障体系:现实依据、基本框架及实施策略 [J]. 现代教育管理,2021 (11):26-33.

至未来较长时间内，大力加强教育高质量发展支撑，这对于教育更加公平、更有效率、更富活力的高质量发展具有重要意义。

一、加强党对教育工作的全面领导

教育事业的发展不仅担负着学生的未来发展期望，同时也关乎国家命运和前途。实践证明，党的领导是办好教育的最大政治优势，是中国教育行稳致远的最大底气和自信根源。实现教育高质量发展，毫不动摇坚持和加强党对教育工作的全面领导，坚持马克思主义指导地位，始终坚持社会主义办学方向是关键。习近平在全国教育大会上强调："加强党对教育工作的全面领导，是办好教育的根本保证。""加强"的重点是推动党的领导纵到底、横到边、全覆盖。要确保党对教育事业的全面领导是具体的，体现在教育改革发展的方方面面。要不断完善党委统一领导、党政齐抓共管、部门各负其责的教育领导体制，推进教育优先发展，汇聚全党全社会共同办好教育强省事业的强大合力。加强教育系统党的理论学习，在政治立场、政治方向、政治原则、政治道路上自觉同党中央保持一致，将学校党组织建设成为基层先锋战斗堡垒。贯彻落实高校党委领导下的校长负责制、中小学校党组织领导的校长负责制，确保党组织履行好把方向、管大局、作决策、抓班子、带队伍、保落实的领导职责。不断提升民办学校、中外合作办学党建工作质量，推进党的组织和党的工作全覆盖，确保党旗始终飘扬在育人一线。加强各级各类党组织和党员队伍建设，扩大基层党组织的组织覆盖和工作范围，培养优秀的党政工作队伍，充分发挥基层党组织的战斗堡垒作用和党员的先锋模范作用，坚决做到"哪里有中心工作，哪里就有党员，哪里就有党组织"，确保教育领域始终是坚持党的领导的坚强阵地。加快党建与业务深度融合的进程，积极在湖南推广"宜章模式"，积极推广"党建＋师德师风""党建＋德育"等融合发展模式，解决党建和业务"两张皮"问题。要牢牢掌握意识形态工作领导权、话语权、主动权。需要注意的是，受增长速度换档期、结构调整阵痛期、前期刺激政策消化期的"三期叠加"影响，各种社会问题和矛盾不断显现，思想观念多元交锋碰撞，给学生思想政治教育和教育系统安全稳定也带来了新的不确定因素。而教育处于意识形态的最前沿，更加需要加强教育领域意识形态建设，持续加强理论武装，强化阵地管理，壮大主流思想舆论，筑牢意识形态主阵地。严把教材建设关口是重中之重，需要进一步建立健全教材审核制度，做到"凡编必审""凡选必审"，加强对哲学社会科学、境外教材、地方教材和校本教材的审查力度，确保意识形态绝对安全。要积极构建学校、家庭、社会协同育人格局，引导全社会树立科学的人才观、成才观、教育观，共同营造良好的育人环境和社会氛围。深入推进全面从严治党，强化落实全面从严治党责任制，坚持以政治建设为统领，加强作风建设，打造教育领域良好政治生态，为教育高质量发展营造风清气正的良好环境。

二、加大教育投入

建设高质量教育体系是新时代中国特色社会主义现代化建设重大战略布局的教育新部署，其本质是教育领域综合改革的深化，总体要求是系统化整体提升。核心在质量，目标在提升，重点在体系，关键在经费投入保障。教育投入是支撑国家长远发展的基础性、战略性投资，是发展教育事业的重要物质基础，是公共财政保障的重点。长期以来，湖南教育投入的总格局是"小马拉大车"，随着新常态下经济增速变缓和财政收入增量缩减，教育投入的后续增长必定会受到一定程度的影响，教育经费投入与事业发展需求之间的矛盾可能会更加凸显，在这种情况下，提高教育经费的利用效率就显得更为重要，教育经费保障工作的主攻任务也必然走向保投入、调结构和提效益。

1. 建立政府各部门、全社会共同支持教育优先发展机制

不断完善教育投入保障机制，坚持把教育投入作为支撑经济社会长远发展的基础性、战略性投资。各级党委、政府需要定期研究教育投入政策，各部门、全社会需要共同支持教育优先发展，坚持在经济社会优先规划安排教育发展，财政资金优先保障教育投入，公共资源优先满足教育和人力资源开发需要。确保财政一般公共预算教育支出逐年只增不减，确保按在校学生人数平均

的一般公共预算教育支出逐年只增不减，逐步缩小各教育阶段生均一般公共预算教育经费与全国平均水平的差距。教育经费投入是否到位需要进行常态化监测，根据湖南实际，我们要将教育投入落实情况作为党委、政府教育优先发展督查、真抓实干考核和教育督导等的重要指标，始终保持教育投入持续稳定增长。同时，动员更多的社会力量支持教育、投入教育、保障教育，营造政府各部门、全社会共同推动教育高质量发展的良好氛围。

2. 加大教育经费统筹力度

根据教育发展实际需要，及时整合优化经费使用方向，坚决兜牢教育基本公共服务底线，大力发展公办幼儿园，深入推进义务教育薄弱环节改善与能力提升，切实改善县域普通高中、中职学校办学条件以及特殊教育办学条件，优先向困难地区、关键领域和薄弱环节倾斜。持续优化教育经费结构，将更多的资金用于教师队伍和学校内涵建设，逐步实现教育投入重点由"物"向"人"的转变。在严格落实教育投入法定增长要求的同时，督促落实教育费附加、地方教育附加、土地出让金计提、新建居民住宅区配建中小学幼儿园等拓宽教育经费来源渠道政策。针对我省收费标准偏低、长期未调整等问题，完善非义务教育培养成本分担机制，综合考虑经济发展状况、培养成本和群众承受能力等因素，建立收费标准定期动态调整机制。还可以在清查处置全省闲置国有资产资源专项行动时，将可盘活利用的资产资源优先调整用于教育，处置收益也优先保障教育发展需要。同时，完善精准资助体系。在资助对象上，要更多地给予非普惠性民办幼儿园家庭经济困难幼儿、防止返贫监测户子女和城市低保家庭学生、建档立卡困难职工子女关照，让党的惠民政策惠及每一个困难家庭。在资助标准上，鉴于目前学前教育入园支出经费远远超过入园补助标准，义务教育阶段伙食费远远超过家庭经济困难生活费补助标准的实际情况，适时调整调高相应资助标准。并且加强预拨统筹力度，进一步提升经济欠发达地区提前下达拨付比例，减轻地方财政垫付压力。

3. 加强教育收费治理

教育收费的规范化，一端连着社会的教育负担和教育公平，一端直接关系到教育的公信力和社会形象。因此,加强教育收费治理势在必行。治理的重点需要聚焦在协同治理上,推动省市县校四级纵向联动,发改、财政、市场监管、新闻出版等部门横向协同。注重建立治理教育乱收费长效机制,不断规范办学行为,加大教育经费投入力度,不断提升教育财务治理能力现代化水平,进一步研究完善教育收费管理相关制度。特别是加大教育收费政策宣传解读,加强教育收费相关培训和指导,从源头上预防乱收费行为发生。同时,坚持以严的主基调来加强教育收费治理,进一步规范办学行为和教育收费行为;畅通投诉举报渠道,形成全社会监督网络;建立问题线索移交机制,定期向纪检监察部门移交问题线索,严查违规违纪违法行为,保持治理教育乱收费的高压态势。

4. 加强教育审计

习近平指出,要努力构建集中统一、全面覆盖、权威高效的审计监督体系。这是时代赋予我们的新课题,也是推动审计监督工作高质量发展的必答题。教育审计必须坚持问题导向,聚焦主责主业,突出重点,靶向发力。充分发挥审计监督在重大决策落地上的推动作用,牢牢把握以落实党的二十大精神、巩固教育优先发展战略地位、推动高质量发展、加快教育强省建设为主题,促进政令畅通和教育改革平稳运行、健康发展;充分发挥审计监督在防范化解重大风险方面的预警作用,持续关注部门单位重大决策、资产管理、招投标、物资采购等重点环节、重要事项风险状况,有效防范和化解风险;充分发挥审计监督在提升资金绩效上的促进作用,密切关注财政存量和增量资金,进一步盘活存量资金,督促及时收回结余和结转资金,统筹用于刚性支出和急需的重点领域支出,盘活各领域沉淀的财政资金;充分发挥审计监督在推进民生项目上的保障作用,不断加强诸如"徐特立项目"建设、"楚怡"行动计划、"双一流"建设、薄弱学校改造、乡镇标准化寄宿制学校建设、营养餐改善计划等民生保障资金的审计,及时堵塞漏洞,提高资金使用效益。当前,教育审计的重点在于全面覆盖,加快构建立体式审计监督密网。全覆盖的实质在于对所有管理使用公共资金、国有资产、国有资源的地方、部门和单位无一遗漏、无一例外。要在内容上进行全覆盖,重大政策措施部署到哪里、国家利益延伸到哪里、公共资金运用到哪里、公权力行使到哪里,审计监督就跟进到哪里。要在对象上进行全覆盖,力争通过五年的时间,对相关单位实现审计全覆盖。同时,要加强对全系统审计工作的统筹指导和监督,确保审计工作延伸纵向到底、横向到边。要在监督主体贯通上实现全覆盖,推动教育审计监督与其他监督有机贯通、相互协调,进一步加强与纪检监察、巡察督导、组织人事等其他监督力量的贯通协作与成果共享,形成监督合力、职能互补,使"政治体检"和"经济体检"获得"1+1>2"的效应,从而向全省人民交出审计监督的"教育大账"。

三、打造一支高素质专业化教师队伍

建设教育强省,核心是提高教育质量,关键是加强教师队伍建设。因此,必须把加强教师队伍建设摆在教育工作全局中特殊重要的战略地位。优质的教师是优质教育的重要标志,优质的教师离不开优质的教育培养培训体系。就目前来看,湖南高素质专业化教师队伍建设需要从以下几个方面精准发力。一是构建新型精准化师范教育培养体系。以提升公费定向师范生精准培养能力为重点,大力推进一流学科专业建设,超前谋划和调整升级全省师范教育体系。适度控制学前教育和小学教育公费定向师范生培养规模,逐步加强义务教育男教师和高中阶段教师定向培养补充,大力培养一专多能"全科教师"、紧缺薄弱学科教师。主动适应学龄人口剧变和人口快速流动新形势,进一步优化中小学教师资源配置,积极推行"县管校聘"和县域内"轮岗交流"。二是进一步强化新时代乡村教师队伍建设。进入新时代,乡村教师队伍建设理念、教师发展理念和教师教育理念都发生了革命性变化,乡村教师角色定位不是单一化,而是多样化。乡村教师之于乡村,已经不是传统意义上的"教书匠",他们被赋予更多的公共性和社会责任,他们既是新时代乡村学子"上好学"的根本保证,建设社会主义新农村的中坚力量,做好乡村意识形态工作的思想支柱,传递乡村传统文化的先进代表,还是乡村人才的培养者、贫困代际传递的阻断者、城乡融合发展的促进者、乡风文明的引领者，这种角色的多样化，决定了乡村教师在新时代乡村振兴过程中所承担的时代使命将更加光荣和艰巨。乡村教师队伍建设的现代化目标不是走向"城市化"，不能完全依附于城市教师发展的理念、模式，但也不能完全脱离城市教师发展这一重要参照，必须坚持城乡互喻、城乡结合、城乡并重，立足乡村、面向乡村、服务乡村，形成具有乡村品格的乡村教师队伍建设的现代化之路。乡村教师需要增强乡土情感认同、乡土文化认同和乡土价值认同，切实将乡村特色融入乡村教师的培育培养全过程。不论是知识状态、道德状态、审美状态，还是教师课程观，都应该重视乡土情感、乡土知识与乡村生活经验。因为农村的广袤原野、山川河流、繁多的动植物，农民勤劳、善良、纯朴的传统美德，流传千古的风土人情、乡土风俗和村落文化，都是非常宝贵的教育素材，特别是教师的教学更应该注重乡村课程开发，渗透有关农业知识的教育。三是大力培养高层次教育人才。深入实施"芙蓉学者""芙蓉教学名师"等领军人才支持计划，加快建设高校重要人才中心与创新高地。大力支持职业院校探索建立职业教育名师（名匠）培养机制，全面推进"双师型"教师认定工作，积极探索建立区域高水平企业来源兼职教师制度。四是改革教师管理制度，健全职业学校和企业人才双向流动机制。重视对高校教师教育教学、科研创新和社会贡献的评价，促进教研相长、教学相长。提高教师政治地位、社会地位、职业地位。五是始终把师德师风作为教师队伍建设的第一标准。推动师德师风建设常态化，对于发展优质教育事业，推进教育公平至关重要。进一步健全师德建设长效机制，推动各级各类学校将师德师风建设作为教师招聘和评价的首要条件，加强师德教育和典型事迹宣传，完善师德考评和师德惩处制度。

当前形势下，要以教育家精神为教师铸魂。新时期教师的身份意义早已超越知识性、生存性和职业性，更多的是以精神塑造精神，以灵魂唤醒灵魂。对于普通教师来说，教育家精神其实非常素朴，那就是以教育为志业，一生只为一事来。既要耐得住"风声、雨声、读书声，声声入耳"的淡泊，又要担当起"家事、国事、天下事，事事关心"的大任；既要摒弃以分数见高低、以升学论英雄的错误评价导向，又要去除浮躁之气，远离功利之风。要始终把心放在学生身上，把根扎在三尺讲台上。教师是一种需要使命感支撑的工作，特别是新时代教师承担着为党育人、为国育才的神圣使命，不仅要拥有教育情怀，还要拥有家国情怀、民族情怀，始终将个人的人生同民族命运、家国前途、社会责任紧密相连，努力成为具有大格局、大胸怀、大视野的人。教师有信仰，教育才有力量。要持续深入学习习近平总书记关于教育的重要论述，自觉把党的教育方针贯彻到教学管理工作全过程，着力锤炼坚定理想信念、忠诚于党的教育事业的政治品格，做到"念兹在兹，无日或忘"，方能当好"传道受业解惑"的"大先生"，成为中华民族复兴的筑梦人。当然，短期内我们可能无法培养出千千万万的教育家，但我们可以引导广大教师对教育家精神的积极追求，让大批具备教育家精神的名师来从教，名校长来办学。这需要在全社会大力弘扬教育家精神，营造有利于教育家和教育家精神成长和发育的良好环境，始终把教师放在重要地位，满腔热情关心教师、尊重教师，不断提高教师的政治地位、社会地位、职业地位。

四、加快教育数字化转型

党的二十大报告中提出，推进教育数字化、建设全民终身学习的学习型社会、学习型大国。以教育信息化带动教育现代化，促进教育的创新与变革，是加快从教育大国向教育强国迈进的重大战略选择。湖南教育信息化建设在全国起步早、发展势头好，具有良好的现实发展基础。不论是推动教育高质量发展还是加快教育强省建设，都迫切需要抢抓数字经济、数字社会历史机遇，加快推进教育数字化转型，积极利用 5G、大数据、人工智能等先进技术，着力发展面向未来的教育平台、教学方式、考试评价和管理服务，助推教育理念、模式、方法、治理等的现代化，为加快建成教育强省提供强大的创新动能。

1. 加强教育新型基础设施建设

自新冠疫情以来，大规模在线教育发挥了重要作用，也暴露出基础、创新与应用等方面的不足。国家教育信息化 2.0 试点省顺利通过验收，标志着湖南从教育信息化2.0建设向教育数字化的战略转型，转型的首要条件就是教育新型基础设施建设。要坚持共建共享，充分发挥市场机制，不断培育教育数字化创新发展新主体。加快升级网络基础设施，持续改善网络教学条件，不断优化智慧教育平台体系，将教育信息化基础设施建设作为新基建的重要内容，加大对教育网络和数字教育资源公共服务体系的投入。深入推进大数据、人工智能、物联网、云计算、IPv6（互联网协议第6版）、虚拟现实等技术在教育领域的规模部署和应用，加快建设和完善各级各类学校智能化教学终端设施设备，形成以智能教室、智能实验室、虚拟仿真实训室等为核心的智能学习场所体系。重点支持农村地区、边远地区、民族地区的学校信息化和公共服务体系建设。

2. 扩大数字教育资源和服务供给

完善湖南数字教育资源公共服务体系，推动省级数字教育资源公共服务体系与国家中小学智慧教育平台实现互联互通，深化普及网络学习空间应用，为师生提供智能化、精准化教育教学服务。建立健全利用信息化手段扩大优质教育资源覆盖面的有效机制，倡导网络校际协作学习，不断缩小数字化差距。积极推广"互联网＋芙蓉联校"模式，实行优质学校结对帮扶，探索"上联名校、下联村小"的发展模式，通过"直播课堂""名师课堂"等形式，助力农村薄弱学校开齐开足开好规定课程，推动优质资源向农村、边远、少数民族地区延伸。要推动县域高中教育数字化转型，抓住国家智慧教育平台应用整省试点的良好机遇，加强新型基础教育设施建设，创新数字教育资源供给，提升县域高中教育信息化、智能化水平，促进优质教育资源共享。努力缩小地区之间、城乡之间和学校之间的数字化差距。

3. 推进信息技术与教育教学深度融合

深刻把握人工智能、大数据等信息技术应用前景，拓展信息技术与教育教学融合应用的广度和深度。要支持社会力量发展教育服务新业态，促进校内外资源融通创新，加快信息技术在教育教学中的深度应用，积极探索"互联网＋"条件下的人才培养新模式，利用信息化手段推动教与学方式变革，普及新技术支持下的混合式、合作式、体验式、探究式等教学方式，支持差异化的"教"和个性化的"学"。探索建立以学习者为中心的教学新模式，鼓励有条件的学校探索优化教学组织方式，推动线上线下混合教学。鼓励学生利用信息手段主动学习、自主学习、合作学习，增强学生在网络环境下提出问题、分析问题和解决问题的能力。将编程教育、人工智能普及教育纳入中小学课程体系，提升中小学生数字技能和信息素养。推动教育教学方式由"以教师为中心"向"以学生为中心"转变，构建新型师生关系。加强人工智能助推教师队伍建设，提高教师在线授课、网络教研、操作实践等基础能力。逐步普及专家引领的网络教研，提高教师网络学习的针对性和有效性，促进教师向专业化方向发展。同时，要注重创新教育大数据应用，在支撑教育科学决策、精准管理和高效服务等方面发挥重要作用。当然，创设绿色、安全、文明的应用环境也必不可少。

五、推动教育关键领域的改革突破

人民有所呼，改革有所应。当前，教育发展呈"内卷化"趋势，应试主义教育依然大行其道，焦虑已经成为教育的普遍现象，如"起跑线"焦虑、择校焦虑、作业焦虑、升学焦虑……"教育焦虑"始终排在社会热点话题前几位。教育焦虑本质是社会竞争的焦虑，教育问题大多是社会问题在教育上的投射。要解决这些问题，根本还是要靠改革。

1. 深入推进教育评价改革

教育评价改革事关培养什么人、怎样培养人、为谁培养人的根本问题，事关国之大计、党之大计。教育评价直接影响着教育的发展方向，建立什么样的教学评价体系，就有什么样的办学导向。全国教育大会提出，"切实扭转不科学的教育评价导向""系统深化育人方式、办学模式、管理体制、保障机制改革，着力形成充满活力、富有效率、更加开放、有利于高质量发展的教育体制机制"。但是，对多样化范型公平—质量的评价思路似乎还没有形成，需求侧的质量与供给侧的公平仍处在脱节状态，多样化范型公平—质量的整体化、系统化的评价体系尚未建构成形。推动教育评价改革平稳落地是当务之急。"唯论文、唯帽子、唯职称、唯学历、唯奖项"是当前教育评价问题的集中体现，反映了我国教育评价中不科学的评价导向。"破五唯"是教育评价改革的关键任务和重中之重，要从构建多维度、全过程、立体式、综合性评价体系着手，从"能力素养评价"、"全过程评价"和"多向度多元综合评价"三个方面用力。一是深化党委和政府履职评价。进一步发挥省委教育工作领导小组作用，完善党政主要负责同志熟悉教育、关心教育、研究教育的工作机制，抓好市县级政府履行教育职责督政，重点考核党的教育方针贯彻情况、教育优先发展战略落实情况、教育评价改革落实情况和教育突出问题解决情况。二是改革不同学段学校评价。不同学段、不同类型教育的评价主体与评价元素各有其特点，需要分类施策。学前教育要坚决遏制"小学化"倾向，构建幼园所办学等级标准评价体系；义务教育要重点解决好"长于智、疏于德、弱于体、少于美、缺于劳"的现象和问题，引导学生全面发展、全人格成长、全要素健康成长；高中教育要积极缓解办学同质化和"千军万马过独木桥"的现象，突出实施学生综合素质评价；职业教育要突破"五五分流"问题，着力提高产教融合发展能力和水平；高等教育要突出解决内涵弱化、服务虚化等问题，建立和完善高校分类发展及评价体系。三是完善教师分类评价。推动师德师风建设常态化、长效化，把师德师风作为教师资格定期注册、业绩考核、职称评聘、评优奖励第一要求，克服"唯科研""轻管理""弱育人"现象。夯实教师专业发展体系，健全教师职称、岗位和考评制度，重点关注和加强幼儿园教师专业成长，紧缺薄弱学科教师培养，"双师型"教师队伍建设，高校教师分类发展。四是优化学生综合素质评价。进一步积极探索德智体美劳全要素的过程性评价办法，建立道德素养、学科素养、体育素养、艺术素养、劳动素养、健康素养测评模式。五是系统改革用人评价。引导全社会树立激发多出人才、出好人才的评价导向，营造"不拘一格降人才"的用人环境，推动党政机关、事业单位、国有企业带头扭转"唯名校""唯学历"的不当用人导向，形成以岗定薪、按劳取酬、优劳优酬、注重贡献的激励机制。

在推动落实过程中，首先应当重点夯实制度基础，着力健全统筹决策、研究咨询、分工落实、督查督办、总结推广的改革工作链条，进一步反思、审视、调整、完善现行的各类评价制度，分类制定教育评价标准，以制度建设筑牢改革基础。其次加强专业队伍建设。加强教师教育评价能力建设，支持有条件的高校设立教育评价、教育测量等相关学科专业，培养教育评价专门人才。最后加强评价结果运用，建立评价结果报告制度，推动各地将《深化新时代教育评价改革总体方案》各项任务的贯彻落实情况纳入本级党委和政府督查内容，并将改革情况与政策支持、资源配置和干部考核任免等进行直接挂钩。教育评价改革永远在路上，必须坚持以立德树人为根本任务，以学生成长成才为中心，把改革要求覆盖到最后一公里，奋力推进教育评价改革各项任务举措落地见效。

2. 认真抓好"双减"一号工程

"双减"在推动形成促进人的全面发展的教育生态，凸显教育公平的价值取向，推动教学教育理念深刻变革等方面发挥着至关重要的作用。当前，学科类、非学科类的反弹压力都大，作业质量、课后服务的丰富程度还有待提升，教师负担与积极性需要关注，一些地方政府政绩观、人才观还没有完全改变，家长焦虑依然未得到充分缓解，需要树立巩固、深化、防风险思想，进一步加强学科类培训治理，防止培训隐形变异，出现破窗效应。一是聚焦学校教育主阵地。如果校内教育质量不能提高，不能最大程度地满足学生与家长的教育需求，仅仅是打击校外培训机构，势必会对学生追求高质量教育产生障碍。所以，"双减"还是要回归校园，注重发挥"治本"作用，使课程、教材、教学、考试、评价五大环节联动来撬动教育整体变革，提高校内教育质量，让学生学习回归校园。进一步完善课后服务管理办法，加大地方财政课后服务经费保障力度，拓宽课后服务渠道，统筹利用社会资源，丰富课后服务内容，更好地满足学生多样化学习需求。可以积极试点探索校外培训机构信用等级评价制度，建立非学科类培训机构参与课后服务机制，使其真正成为学校教育的有益补充。二是深化校外培训综合治理。当前，家庭教育、学校教育、社会教育之间彼此渗透、相互交织，家长希望给孩子合适的、优质的、个性的教育，乐此不疲地追逐着各类社会教育。所以，必须进行综合治理，特别是党委政府要推动压实地方行业主管部门责任，细化责任分工，统筹协调推进。要建立健全校外培训监管机构，配齐配强工作力量，特别是加强执法队伍建设，提升执法人员能力和水平。一些体制外的"独立补课教师"以家庭教育指导师的名义大行其道，给教育管理带来新问题，亟须未雨绸缪，实施校外培训师资准入制度，全面规范校外培训行为。当然，防控风险、确保稳定的思想之弦不能有丝毫松懈，要防止和解决培训机构圈钱、跑路、给家长退费难的问题。三是加强对校外培训机构的党建引领。从政策层面入手，尽快研制加强校外培训机构党建工作的指导性文件，选优配强党组织书记和党建指导员，充分发挥校外培训机构党组织的政治功能和组织功能，切实引导规范资本更好地服务公益事业和素质教育目标，推动校外培训行业有序健康发展。

3. 深化考试招生制度改革

考试招生制度是国家基本教育制度，是人才培养的枢纽环节，关系到国家发展大计，关系每一个家庭的切身利益，关系亿万青少年学生前途命运。坚持从有利于促进学生健康发展、科学选拔各类人才和维护社会公平出发，推动教、评、考、招有效衔接。进一步完善高中招生考试办法，聚焦"科学选才""促进公平"原则，持续深化考试招生制度改革。健全规范有序、监督有力的招生制度，全面规范民办学校招生，坚决查处违规跨区域"掐尖"招生、违规借读等行为，切实维护招生秩序，保障县域高中生源稳定。大力推进高职分类招生，推动高职院校的考试招生与普通高校本科相对分开，采取"文化素质＋职业技能"的考试评价方式，形成适合技术技能型人才选拔的考试评价模式。加强对学生生涯规划教育的顶层设计，构建生涯规划教育体系，开发生涯规划有关标准和指导课程，开展生涯规划人才队伍建设，突出生涯规划教育对人才培养的重要作用。加强源头治理，完善考试招生制度，加快推进中考省级统一命题，优化学生综合素质评价，重点推动普通高中综合素质评价改革。普通高中综合素质评价是对学生全面发展状况的观察、记录、分析，是学生毕业和升学的重要参考，应当给予格外关注。一是试点省属高校参考综合素质评价招生录取工作，在新高考政策框架下，学习借鉴中南大学、南方科技大学等高校现有成功模式，将考生高考成绩、高中学业水平考试成绩及综合素质评价情况等合成考生综合成绩，实现从"招分"到"招人"的转变，有效推进人才的科学评价与选拔。二是建立普通高中与高校协同育人常态化机制。出台鼓励政策，引导高中和高校协同育人，鼓励支持高校走进高中参与综合素质评价实践工作，高中学校走进高校了解高校人才培养结构，打破高校与高中之间的隔阂。适时启动普通高中综合素质评价标准制定工作，推动高中学校进一步完善综合素质评价档案，分层分类设置量化指标，针对城乡学生现实差异分别设置评价标准。三是坚持常态化实施，将综合素质评价档案作为高等学校入学刚性要求，确保程序上的合规。同时，根据育人需求和高校招生实际及时对综合素质评价档案进行动态完善。四是建立综合素质评价保障机制，加强组织领导，把综合素质评价工作作为地方各级教育行政部门和学校工作的重要内容，强化对高校在招生录取中使用学生综合素质评价的指导。发动教育科研、教育智库、高等学校、媒体等专家学者进行正面发声，鲜明阐述综合素质评价改革的正确导向，保障高中综合素质评价的顺利实施。

4. 推动家校共育

没有家庭教育的学校教育、没有学校教育的家庭教育，都不可能独自完成培养孩子使之成才的使命。孩子的成长成才是在家庭教育、学校教育和社会教育的共同影响下实现的，其中，家庭教育是基础，学校教育是主体，社会教育是延伸，三者相辅相成、相互促进，缺一不可。落实立德树人根本任务，就要牢固树立大教育观念，推动学校教育与家庭教育、社会教育协调发展。推动学校教育与家庭教育、社会教育协调发展，需要各级党委政府、相关职能部门、群团组织以及社会各界共同努力。就教育系统而言，除了要办好学校教育、落实立德树人根本任务之外，也要密切家校联系，支持办好家长学校，设立家庭教育成长指导中心，向家长传授教育理念、知识和方法，指导家长提高家庭教育水平，还要加强与社会教育的衔接协同，充分利用社会资源开展教育教学活动。家庭是人生的第一所学校，家长是孩子的第一任老师，教育好学生必须引导好家长。要建立家庭教育联席会议制度，充分发挥家长学校、家长委员会、家长课堂和家访的作用，形成政府、家庭、学校、社会联动的家庭教育工作体系。要加强对家庭教育方法、内容和载体的研究，通过深化课程改革、健全家长参与方式等，引导帮助家长重言传、重身教，教知识、育品德，树立科学的家庭教育理念。在此基础上，要厘清家校共育的"经纬线"，明确学校、家庭的职责边界，做到各负其责、同向而行。当然，教育不光是学校和家庭的事情，教育的时间不能局限在上课，教育的场域也不能局限于学校，而应该是渗透到孩子生活中的每个时间单元和社会活动的每个角落。所以，要更加注重聚合社会教育资源来延伸教育阵地，拓展育人空间，比如，利用博物馆、纪念馆、图书馆、美术馆、科技馆、体育馆、青少年宫等公共文化服务机构和爱国主义教育基地育人优势，开展丰富多彩的教育活动，从而构建多元推进、互联互通的教育网格。

第四节　加快完善教育政策评估监测体系

教育政策作为国家层面勾勒出的未来教育发展蓝图，对国家的教育发展影响深远。要构建高质量的教育保障体系，理应重点完善教育政策保障体系。教育政策的制定与执行，加之政府主导的教育改革是借由教育政策制定与执行得以实现的，而各种教育政策的制定需要对具体教育实践与问题进行考察与研究，因此，在未来的教育的改革发展中，教育政策始终坚持占据基础性、根本性、长远性的地位。教育政策过程主要可以分为教育政策的制定过程、教育政策的执行过程和教育政策的评估过程等三个阶段。教育政策执行并不是一个理想化的进程，它会面临很多不确定的因素的影响，政策理想能不能变成政策现实，需要在政策执行过程中对政策目标、政策方式等进行不断调适，以期获得良好的政策实施效果，因此，加强教育政策的评估与监测就显得尤为重要。

一、加强教育政策的风险评估

教育政策就像一面镜子，折射和反映了不同时期不同人群的受教权利和利益。[①] 在具体的人的发展的内涵中，知识获取、能力培养、素质提升、人格完善、道德培育等维度是考查的重点，由于教育活动的多重目标性，教育政策活动所要实现的目标指向也较为多元和复杂，这就客观上造成了教育政策评估的困难性。在目前的人的发展内涵的理论和实践中，除了知识获取维度可以通过考试等途径进行考查外，其他维度的考查就显得有点无的放矢了，这在无形间增加了考查的难度，且评价成本往往也很高，教育政策活动评价就显得较为困难了。针对这一问题，作为政策出台前对于政策合理性进行检测的重要手段的教育政策风险评估的科学、有效运用或许是解决此问题的路径之一。具体来说，首先，要让风险评估成为教育政策制定的必要环节和重要依据；其次，由行政部门设置专门的风险评估机构；最后，依据不同的政策选择不同的评价标准和方法。[②] 这一系列评估程序的运行将会最大限度保证教育政策评估效果的科学化，进而有利于教育政策目标的最大化实现。建立健全教育政策中的民意调查制度、信息公开制度、协商谈判制度、听证制度等，充分发挥教育咨询委员会等教育决策咨询机构的作用，为教育改革和发展提供咨询论证，提高重大教育决策的科学性。

二、加强教育政策的科学执行

"天下之事，不难于立法，而难于法之必行。"制度执行力是治理能力的重要体现。执行好制度是制度建设的根本着眼点。如果不能执行，建立再好的制度也没有意义。制度是管根本的、管全局的、管长远的，要根据"立德树人"

---

① 孙绵涛，等. 教育政策论：具有中国特色的社会主义教育政策研究［M］. 武汉：华中师范大学出版社，2002：15-20.

② 刘海滨，杨颖秀. 我国教育政策风险评估问题及消解策略［J］. 现代教育管理，2011（12）：56-59.

的需要，建立严密的制度体系层层加以落实，保障党对人才培养的全面引领。由于教育政策关涉到很多人的利益诉求，所以公众对教育政策的关注度普遍较高，对于其认知程度亦较为深刻，且参与政策制定和管理的热情较高，所以公众对教育政策的执行就十分关注。在教育政策执行过程中，教育政策主体应该始终站在正义的立场，自觉嵌入高质量的基因，建立高质量教育政策体系。运用现代科学的、恰当的、合理的政策工具，作为实现政策目标的途径和手段，确保教育政策目标的"不失真"。教育政策失真的表现主要有以下几个方面。政策表面化，即教育政策执行仅处于表面的宣传形式阶段，而并未进一步转化为操作性的政策措施，政策问题依然未得以解决，甚至愈加严重。政策扩大化，即教育政策执行中被人为附加了不恰当的内容，使政策调控对象、范围、力度、目标等超越其原有政策要求。政策缺损，即作为一个完整的教育政策体系，只有部分内容被执行，损害了政策的完整性。政策替换，即教育政策执行过程中强行替换入表面与原政策一致，事实上却背离原政策精神和实质的内容。① 对这个问题，我们不妨从三个方面进行思考。首先，要增强制度意识。制度执行首先需要领导干部表率作用的发挥，党员领导干部要带头维护制度权威，在制度建设和制度执行上作出示范表率，树立法律面前人人平等、制度面前没有特权、制度约束没有例外的意识，坚持高标准严要求，一级抓一级，一级带一级，务求各项制度落到实处，取得实效。其次，坚定制度自信。加强制度理论研究和宣传教育，通过深入学习中国特色社会主义制度形成、发展并不断完善的历史逻辑，引导全党全社会充分认识中国特色社会主义制度的本质特征和优越性，准确把握制度体系的历史传承和发展前景，在守正创新中坚定中国特色社会主义制度自信，把党和国家的制度优势切实转化为治理成效。最后，完善推进制度落实的体制机制，培养具有高度执行力的干部队伍，营造浓厚的制度执行文化氛围，建立严密的制度执行约束机制，强化执行制度情况的监督检查，健全执行制度成效的责任制和问责制，把制度执行情况纳入考核内

---

① 袁振国. 教育政策学 [M]. 南京：江苏教育出版社，1996：208.

容，推动干部严格按照制度履职尽责，善于运用制度谋事干事，确保制度行得通、管得住、用得好。

三、加强教育政策的监测评估

教育政策执行的信息追踪，是促进教育政策有效执行、解决教育问题的关键保证。建立健全教育政策的监测与评估机制是新时期教育改革和发展的客观需要，是经验型教育决策向科学型教育决策转变的重要环节和保障，是科学进行教育决策的主要路径之一。政府作为教育政策执行中信息追踪的主要责任者，可以通过各种检查和督导，来收集客观的政策执行信息。同时，教育政策研究者也需要进行实地调查研究，来知晓实际的政策执行情况。通过教育政策风险的分析和评估可以有效预防教育政策执行中有可能造成的危机和风险，提高教育政策执行的质量和有效性。另外，仅仅依靠风险分析和评估不能完全解决教育决策的风险问题，这就需要进行教育政策实验来完善教育政策的风险防范机制和纠错机制。教育评估对教育政策的调节和影响本质上就是教育政策活动中对教育利益相关者教育利益诉求的重新合理分配和调整，进而达成新的公共教育利益共识，增进和实现公共教育利益的最大化。从我国目前的教育政策评估的评价指标来看，多注重于量化的指标统计，而忽视价值性要素的指标介入；多注重于事实陈述，而忽略价值判断。或者说当前的教育政策评估大多偏向描述性的，缺乏比较和评价。形成多方参与的教育政策监测和评估主体体系就成了关键。教育政策监测与评估要突破以往的单一的以政府和教育行政和管理部门为主导的评价模式，注重学校教师、学生、家长的监测和评估，充分发挥社会监测和评估组织的作用，广泛利用公众和社会传媒的监测和评估影响力，形成结构合理、效果显著的教育政策监测和评估主体体系。

四、提高教育科学研究对教育科学决策的支撑力与贡献力

决策者应当将各种利益主体的教育诉求投入到决策系统中，使公共教育政

策由利益分化、冲突走向利益整合与分享。作为政府，"应加强对教育政策和教育发展的宏观战略研究与制定，对教育规模、结构、布局等方面进行宏观调控，建立教育运行和发展的制度体系，制定教育事业发展规划，加强教育的宏观决策、宏观指导和宏观管理，保障教育的公共性和公益性"①。教育决策的科学性需要科学的教育理论研究成果的指导。《国家中长期教育改革和发展规划纲要（2010—2020年）》明确提出，"积极参与决策咨询，主动开展前瞻性、对策性研究，充分发挥智囊团、思想库作用"，"加强教育宏观政策和发展战略研究"。因此，应当大力鼓励和支持教育研究团队和个人在教育科学研究中，深入探索教育规律，研究和回答教育改革发展重大理论和现实问题，促进教育事业科学发展。"教育研究本质上并不是为了一种知识体系而完成自己、实现自己，本质上是一种基于教育实践本性基础之上的实践理性"②。教育科学研究的这种本质是促进教育科学决策，实现教育决策科学化的最好注脚。

科学的教育评估是进行教育决策的重要依据之一，是保证教育质量，提高办学效益的有效措施，是实现教育管理科学化的重要手段。湖南省政府印发的《湖南省"十四五"教育事业发展规划》明确规定，要完善教育评估制度，增强评估结果的客观性和科学性。从国家到地方，每年均需开展各级各类教育评估工作，由于湖南一直没有专门机构承担教育评估工作，一些重要的评估工作只能委托外省相关机构来做，难以保证好的成效。目前，北京、上海、湖北等十余个省市成立了教育评估机构，其中有不少省市将其设在教育科学研究院。比如湖北省教育科学研究院成立了湖北省教育评估院，辽宁省教育研究院加挂"教育事务评价研究所"牌子，广东省教育研究院设有教育评估室，山东省教科院设有教育评估所。因此，建立湖南省自己的教育评估院是当务之急。该机构可以承担省教育厅委托的各级各类教育评估项目的组织实施工作，接受地方

---

① 刘平秀. 教育公平与教育政策选择［J］. 湖北社会科学，2010（2）：157-160.

② 杨银付. 科学民主决策：教育科学发展的重要保障：从《国家中长期教育改革和发展规划纲要（2010—2020年）》看教育政策制定［N］. 中国教育报，2010-11-16（04）.

教育行政部门、学校以及相关单位委托组织实施的相关教育评估项目，承担各级各类教育质量状况调查与评价工作，组织开展教育评估理论研究和国内外交流活动，参与教育评估政策的调研制定，组织开展教育评估专业培训和咨询服务，指导基层教育评估业务工作。

后　记

　　党的十九大报告首次提出"高质量发展"新表述。高质量发展是中国式现代化的本质要求和全面建设社会主义现代化国家的首要任务，表明中国经济由高速增长阶段转向高质量发展新阶段，也为新时代国家经济和社会发展指明了方向。2021年2月，十九届五中全会通过的《中共中央关于制定国民经济和社会发展第十四个五年规划和二〇三五年远景目标的建议》进一步提出要"建设高质量教育体系"。党的二十大报告明确指出，"坚持以人民为中心发展教育，加快建设高质量教育体系"，阐明了党的二十大之后我国教育事业发展的价值遵循和核心主题。促进教育高质量发展和建设高质量教育体系已成为我国当前及今后教育改革发展的重大战略任务，也标志着中国教育从高速增长迈向高质量发展，在努力实现以高质量发展为时代特征的教育内涵发展战略转型期，与之相适应的政策应尽快转向质量型发展政策。在多种政策文本与语境下，"教育高质量发展""高质量教育体系""高质量教育需求""教育质量标准体系"等成为高频词组，逐渐构成了有关教育高质量发展的政策概念谱系。

　　湖南历来就有崇文重教、办学兴学的优良传统，自古人文荟萃、底蕴深厚。新中国成立以来特别是改革开放以来，湖南省教育改革发展探索出了许多好的经验，如 20 世纪 90 年代郴州的农村"三教统筹"经验，汨罗系统实施素质教育的经验等，都在全国产生了积极而广泛的影响。优先发展教育，建设教育强省，一直都是历届湖南省委省政府的浓厚情怀和战略定位。早在 2006 年，湖南省第九次党代会率先在中部地区部署建设教育强省战略，湖南成为继江苏、浙江后提出建设教育强省的省份之一。在习近平新时代中国特色社会主义思想特别是习近平总书记关于教育的重要论述精神的科学指引下，湖南省委省政府从全局和战略的高度坚持优先发展教育，持续推动教育强省建设，2016年提出建设科教强省，2018 年全省教育大会进一步提出要扎实推进教育现代化、建设科教强省、办好人民满意的教育。特别是 2022 年，湖南省委十二届三次全会通过的《关于深入学习宣传贯彻党的二十大精神 为全面建设社会主义现代化新湖南而团结奋斗的决定》作出"加快建设教育强省"的决策部署，这是时隔十六年后，湖南再次吹响了建设教育强省的号角，标志着湖南教育进入大突破、大发展的新阶段。随着学前教育毛入园率实现从低于全国平均水平到高于全国平均水平的赶超，义务教育跨越全面普及和基本均衡两大关口开始迈向优质均衡阶段，高中阶段教育步入普及协调发展的新阶段，纵向贯通、横向融通的现代职业教育体系初步形成，高等教育迈进普及化阶段，层次完整、类别齐全、形式多样，与全省经济建设和社会发展需要相适应的教育体系基本形成。这些都为加快建设高质量教育体系创造了良好环境，也为教育高质量发展奠定了坚实基础。

本书聚焦高质量教育体系建设，认为高质量教育体系建设的理论基础是习近平总书记关于教育的重要论述，而以高质量发展为核心的发展坐标，以人民为中心的发展理念，以促进公平为重心的发展思路，一同构成了湖南高质量教育体系建设的价值罗盘。通过梳理十多年湖南教育体系建设政策演变过程可以明显发现，湖南教育正在从有质量走向高质量、从基本均衡走向优质均衡、从外延发展走向内涵发展，湖南高质量教育体系建设的价值立场也始终聚焦在"促公平""提质量""优服务"三个方面，这也为湖南高质量教育体系建设指明了行动方向。在此基础上，本书试图通过加快构建各级各类教育高质量协调发展体系、加快构建与新发展格局相适应的教育服务体系、加快构建与教育高质量发展相适应的支撑保障体系、加快完善教育政策评估监测体系等四个维度来建设湖南高质量教育体系。

本书是湖南省"十四五"教育科学研究基地—教育发展研究基地项目"湖南教育高质量发展的路径与策略研究"（XJK22ZDJD02）、湖南省教育科学"十四五"规划课题"教育服务乡村人才振兴的政策研究"（XJK21BJG003）和湖南省教育科学研究院院级重大委托课题"湖南省教育宏观政策问题研究"阶段性成果。本书的撰写从 2020 年开始，在此期间，我作为主要核心成员参与了《湖南省国民经济和社会发展第十四个五年规划和二〇三五年远景目标的建议》《湖南省"十四五"教育事业发展规划》等重要文件起草，帮助吐鲁番市研制了当地"十四五"教育事业发展规划，就高质量教育体系建设、教育服务"三高四新"战略等教育宏观问题和特殊教育、教师队伍等教育中观问题，以及教育收费治理等微观问题撰写了多篇研究报告，这些主要工作经历和相关决策咨询报告有效充实了本书的内容。本书在撰写过程中，坚持描述与分析相结合、点与面相结合、国家政策与湖南政策实践相结合。全面梳理了新时代十多年来湖南在建设高质量教育体系中不断探索实践、开拓创新的伟大历程，重点对教育体系建设政策演变过程进行了阐述，尤其是认认真真学习了习近平总书记关于教育的重要论述，并从中得到启发，试图构建湖南高质量教育体系的理论框架和实践途径。全书包括了高质量教育体系建设的现实依据、湖南高质量教育体系建设的现实基础、湖南教育体系建设政策的演变特征、湖南高质量教育体系建设的价值立场和湖南高质量教育体系的建设路径等五个方面的内容。

本书在撰写过程中，得到了多位领导、老师和同人的大力支持与指导。我曾以借调的形式在省教育厅办公室、规划处、财建处、体卫艺处等处室进行跟班学习，幸勇、贺照、黄星亮、汪忠明、许抗、温佐望等领导多次就教育规划、教育政策、教育投入等领域的专项研究给予了引导和支持；聂劲松博士作为本人在教育政策领域研究的启蒙老师，对本书的编写提纲进行了精准指导；省教育厅信息中心熊瑛在相关数据统计方面给予了莫大支持；省教科院办公室陈勇、史志所胡浩等同志为本书的撰写提供了大量的研究史料。对上述以不同形式给予支持和帮助的领导、老师和同人，谨致诚挚的谢意。

由于时间仓促，加之水平有限，本书肯定存在不少缺点和不足，恳请读者朋友包涵并批评指正。

蒋志平

2023 年 12 月